FSC
www.fsc.org
MIX
Papier aus ver-
antwortungsvollen
Quellen
Paper from
responsible sources
FSC® C105338

Peter Long-Thu Bui

Unsere schöne kranke Welt

- Unser Egoismus zerstört unsere Welt -

Mensch als Gott oder als sterbliches

Lebewesen?

Bibliogafische Information der Deutschen Nationalbibliothek: Die Deutsche Nationalbibliothek verzeichnet diese Puplikation in der Deutschen Nationalbibliografie; detaillierte bibliografische Daten sind im Internet über http://dnb.dnb.de abrufbar.

Bildnachweis, Cover:
„Photo by Nick Bondarev from Pexels"
Herstellung und Verlag:
BoD – Books on Demand, Norderstedt

ISBN: 9783753435497

Inhalt

Vorwort

Warum haben Umweltorganisationen wie Greenpeace eigentlich gar keine Chance im Kampf für den Umweltschutz?

Warum leugnen wir unsere Umweltzerstörung und Umweltverschmutzung?

Warum denken wir lieber an uns selbst und weniger an unsere kranke Umwelt?

Sie werden die Antworten in diesem Buch finden.

Bitte machen Sie sich selbst ein Bild darüber, ob ich verrückt bin oder Recht habe.

Viel Kraft, Mut und Ehrlichkeit

wünscht Ihnen

Peter Long Thu Bui

München, Februar 2010

1. Brief

Sehr geehrte Leser,

unsere schöne Welt hat inzwischen viele Probleme. Die meisten Menschen trauen sich nicht, die Probleme zu nennen, weil die Probleme sehr groß und schlimm geworden sind. Außerdem sind diese Themen äußerst unbequem, so dass niemand gerne darüber spricht. Die Lösung der Probleme kann nur durch konsequentes Verzichten und durch die tägliche Arbeit an sich selbst erreicht werden. Das ist natürlich viel zu anstrengend für unsere „verwöhnte" Gesellschaft.

In Europa leben wir in einer Demokratie, in der wir viele Freiheiten ohne Grenzen haben. Außerdem geht es uns finanziell nicht schlecht, d.h. wir leiden nicht unter Hunger und Not wie in vielen Teilen dieser Erde.
Zudem haben unsere Bürger nur Rechte aber gar keine Pflichten, beispielsweise für Werte. Unsere Gesetze kümmern sich in erster Linie um die Rechte, die jedem Bürger zustehen. Die Strafgesetze sind lückenhaft, so dass das Böse/Schlechte sich ungehindert vermehren kann.
Wir sind jetzt an einem Punkt angekommen, sodass wir durch die vielen Freiheiten kaum noch den Überblick über unsere Probleme haben.
Die Lösung der Probleme bzw. die Bekämpfung des Bösen stellt sich als sehr schwierig dar. Da die Probleme sehr groß sind, sehen die meisten Menschen dabei lieber weg, anstatt sie mit Anstrengung zu lösen. Wo sind unser Verantwortungsbewusstsein und unsere Ehrlichkeit?

Die meisten Menschen haben auch nicht gelernt, im Leben auf etwas zu verzichten, was nicht lebensnotwendig ist. Habsucht, Gedankenlosigkeit, Faulheit etc. kennen dabei keine Grenzen.
Habgier, Machtsucht und Frechheit als Freiheiten in unserer Ellbogen-Gesellschaft?

Unsere deutsche Gesellschaft ist „gefühlskalt" geworden, so dass viele Menschen sich nach menschlicher Wärme sehnen. Die vielen Feiern dienen als Treffpunkt dieser einsamen und orientierungslosen Menschen. So schreien einsame Menschen, aber auch viele junge Leute, oft nach Vergnügungen wie Party, Sex oder Ähnlichem. Viele Menschen verwechseln Sex mit Liebe, weil man sich beim Sex sehr nahe ist. Ist aber diese Art von Nähe ein Trugschluss?
Kann auch diese Art von Feiern die tatsächlichen Probleme lösen? Die Vergnügungssucht wird außerdem immer größer und lenkt die Menschen von den eigentlichen Problemen ab.
Die vielen Freiheiten ohne Grenzen sind für die Menschen wie „Drogen", nach denen sie von frühester Kindheit an süchtig sind. Die Menschen können sich jedoch von diesen „Drogen" befreien, aber nur wenn sie sich täglich anstrengen und das Verzichten in die Tat umsetzen. Aber wer tut es? (Fast) niemand. Leider.
Die Menschen scheitern immer wieder, an ihren Versuchen sich zu ändern, weil sie keinen richtigen Druck von außen haben. Die vielen negativen Einflüsse, z.B. durch die Medien tragen weiter zum Misserfolg bei.
<u>Das Geld hat wohl die Macht und nicht die Vernunft bzw. die universellen Werte</u>.

Schließlich wird unsere Welt immer mehr vom Geld oder von der Gier nach Geld regiert. So geht die Zerstörung der Welt im vollen Gang weiter, weil wir durch die Zerstörung viel Geld verdienen, z.B. durch Abholzung der Wälder, durch Tötung der Elefanten fürs Elfenbein...
Für die Rettung der Welt bekommen wir kaum Geld oder Verständnis der Mitmenschen. Im Gegenteil, diese Umweltschützer oder „Weltretter" sollten sogar beseitigt werden, weil sie beim Geschäfte-Machen oder bei der „Bequemlichkeit" nur stören.
So denken die meisten Menschen lieber ans Geld-Verdienen bzw. ans Geld-Aufbewahren und nicht ans Schwitzen oder ans Opfer-Bringen für die Rettung der Welt.

Die meisten Menschen befinden sich bereits im Sog des Geldes, das den Charakter des Menschen immer mehr verdirbt.
Kann auch der Mensch durch das Geld zum Gott aufsteigen oder gottähnlich werden?

Probleme mit Ausländern

Ein weiteres Problem, das wir in Europa haben, sind die vielen Einwanderer. Viele von ihnen kommen mit nur wenig Kultur und Bildung nach Europa und dürfen ihre „einfachen Kulturen" ausleben. Diese „einfachen" oder „religionsfanatischen" Kulturen erreichen nicht das Niveau unserer hoch zivilisierten Gesellschaft in Europa. Das Zusammenleben mit diesen Einwanderern stellt Probleme dar. Da wir aber kaum Pflichten für die Menschen haben, darf jeder Mensch so leben wie er mag. So stoßen wir täglich auf Probleme, von denen niemand gerne darüber spricht. Ist hier ein Hausbesitzer-Recht sinnvoll, was selbstverständlich ist?

Bedeutung der Religion

Nicht zuletzt möchte ich das Thema „Religion“ ansprechen, die für die Kultur von großer Bedeutung ist. Wie viele Menschen leben aber ohne Religion? Ist die Religion wirklich das Zentrum des Lebens? Wozu brauchen die Menschen den Glauben?
All diesen Fragen werde ich nun nachgehen.

Ich möchte mich vorstellen

Seit dem Jahr 1983, also seit knapp 30 Jahren, lege ich großen Wert auf das „Miteinander-Leben“, weil mir die zwischenmenschlichen Beziehungen besonders am Herzen liegen. Seitdem führe ich auch ein Tagebuch, für das ich mir täglich Zeit nehme, um das Erlebte reflektieren zu lassen. Mein Wissen beruht auf einem langjährigen Nachdenken und vor allem auf einem genauen Hinsehen.

Damit Sie sich ein Bild von mir machen können, habe ich Ihnen ein Foto von mir (mit meiner asiatischen Cousine) beigelegt.

Ich möchte mich vorstellen. Mein Name ist (Peter) Long Thu Bui. Ich bin während des Vietnam-Krieges (1965-75) in Südvietnam geboren.
In der katholischen Minderheit wuchs ich in Vietnam bis zum Jahre 1981 auf. Jeder Katholik bekommt bei seiner

Taufe einen christlichen Namen. Ich erhielt den Namen „Peter“, der leider immer noch nicht im Pass steht.

Im Jahre 1981 floh ich ohne meine Familie (also ganz allein, mit einem entfernt verwandten Onkel) als „Boat people“ aus dem kommunistischen Vietnam und wurde später von einer deutschen Familie als Pflegekind im tiefen Niederbayern von Deutschland aufgenommen.
Ich ging in Pfarrkirchen in die Grundschule und dank der täglichen Hilfe der deutschen Pflegeeltern im Fach Deutsch durfte ich anschließend aufs Gymnasium (die höchste Schule in Deutschland) gehen (Durchschnittsnote von 1,3 = sehr gut). Meine deutschen Eltern waren beide Gymnasiallehrer für Deutsch, Latein und Alt-Griechisch und hatten außerdem drei eigene Kinder. Meine Pflegeeltern brachten mir täglich von der hohen deutschen Kultur bei, schließlich war Deutschland ja das "Land der Dichter und Denker". Mit Freude nahm ich es auf.
Auch dank meiner deutschen Eltern bin ich zum Klavierspielen gekommen, das mich dann später "bekannt" machte (Schulchor, Schulorchester, Musikleistungskurs im Abitur, Universitätschor, Pianist des Weihnachtschores der Universität, eigene Kompositionen in Semesterkonzerten an der Universität).

Ich bekam auch die Möglichkeit, in vielen Sportvereinen tätig zu sein, z.B. Fußball, Tischtennis, Leichtathletik und Basketball. Meine Mannschaft und ich waren sogar Landkreismeister oder niederbayerischer Meister. Ich war Spielführer von der Basketballmannschaft. Bereits im Jahre 1988, als ich noch nicht volljährig war, lief ich zum ersten Mal beim Münchener Marathon die Strecke von 42,2 km.

Weitere glückliche Erlebnisse für mich waren:
Ich durfte auch (meine Lehrer und meine deutschen Eltern vor allem meine deutsche Mutter Elke Buchner hielten mich für strebsam und lernfreudig) die 6. Klasse auf einem bayerischen Gymnasium überspringen:
d.h. von der 5. direkt in die 7. Klasse, die 6. Klasse weggelassen.
In der 7. Klasse schrieb ich zum ersten Mal den besten Aufsatz der Klasse im Fach Deutsch.
Bereits in der Grundschule von Saigon/Vietnam übersprang ich ein Jahr, was eine Sensation für die damalige Zeit war.

Auch möchte ich nicht außer Acht lassen, dass es für mich sehr schwierig war, zwischen den zwei Kulturen und Familien zu leben. Zwar ging es mir finanziell in der deutschen Pflegefamilie gut, aber es war eine schwierige Zeit für mich.
Meine deutschen Großeltern aus dem „deutschen Bildungsbürgertum", beide Seiten –Mann und Frau- machten das Abitur in den 20er Jahren (ca. im Jahr 1923), waren gar nicht stolz auf mich, weil ihre eigenen Enkelkinder nicht meinen Erfolg hatten. Sie waren neidisch auf meinen Erfolg.
<u>Neid</u> war ein wichtiger Grund, warum ich in meiner deutschen Familie nicht den erhofften seelischen Halt bekam. So hat mein Selbstbewusstsein während dieser Zeit sehr darunter gelitten.

Obwohl es oft sehr schwierig für mich in meiner deutschen Familie war, möchte ich aber gerne betonen, dass ich meinen deutschen Eltern viel zu verdanken habe. Der liebe Gott hat mich zu dieser Familie geführt, die noch dem alten „deutschen Bildungsbürgertum" angehörte.

Meine deutsche *Urgroßmutter Carin Hartmann*, die ich nicht persönlich kannte, gehörte zu den ersten Frauen in Bayern, die bereits am Ende des 19. Jahrhunderts (ca. 1894) das Abitur machten. Ihre Schulfreundinnen waren auch Prinzessinnen (Hohenzollern, Wittelsbach) oder Adelige. Meine deutsche *Großmutter Edeltraud* (geborene) *Hartmann* legte natürlich später im Jahr 1923 auch das Abitur ab und studierte anschließend in München an der Ludwig-Maximilians- Universität. Natürlich waren ihre Ehemänner auch sehr erfolgreich. Mein deutscher *Großvater Prof. Dr. Hans Buchner* war ein bekannter Professor an der Universität in München für Biologie und Chemie. Er hat sogar ein Tier gezüchtet und entwickelt, das nach ihm benannt wurde.

Als mein bekannter deutscher Großvater im Jahr 1986 seinen 80. Geburtstag feierte, gratulierte ihm der zuständige bayerische Kultusminister zum Geburtstag.

Nur hier in diesem „deutschen Bildungsbürgertum" konnte ich lernen, was hohe deutsche Kultur bedeutet. Ein Durchschnittsmensch hat doch gar keine Möglichkeiten dazu.

Ich kann mich noch gut an die „Kulturstunde am Sonntag" in den 80er Jahren erinnern (wir mussten sogar in „Sonntagskleidung" erscheinen), in der mein deutscher Vater uns Kindern viel über die Philosophie, Malerei, Baukunst, Literatur, Musik...erzählt hat.

Als Kind wollte ich natürlich etwas Anderes tun und nicht Philosophie oder Literatur hören. Aber genau dieses Wissen kommt mir jetzt zugute dank der disziplinierten Art meines deutschen Vaters. Diese tolerante Erziehung meiner deutschen Eltern hat mich auch zu einem deutschen Staatsbürger und zu einem weitsichtigen „Weltmenschen" gemacht.

In der Regel hat kein Ausländer die Chance, in solch einen Kreis des konservativen deutschen Bildungsbürgertums zu kommen. Es war nur möglich, weil mein Vater Dr. Hans Buchner und mein Onkel Prof. Dr. Klaus Buchner sehr gebildet waren (promovierter Gymnasiallehrer und Universitäts-Professor) und gleichzeitig einen „verrückten" Sinn für das Soziale entwickelt haben. So haben sie Kinder aus Indien und Vietnam aufgenommen. Meine stolzen, konservativen deutschen Großeltern waren anfangs gar nicht begeistert.

Diese hohe Bildung meiner deutschen Eltern und meines deutschen Onkels ist in erster Linie nur die Bildung aus Büchern. Der Sachverstand meiner deutschen Großfamilie ist daher gut ausgeprägt. Man könnte von einer Bildung aus der Theorie oder von einer Bildung aus den Fakten in den Büchern sprechen, die aber im täglichen Leben *nichts* mit den vielen Lebenserfahrungen oder mit der Charakterbildung zu tun hat.

Auch stammt meine leibliche vietnamesische Familie von einer kleinen „Herrscher-Familie" ab. Die Vorfahren meiner leiblichen Mutter waren die kleinen Herrscher in Nordvietnam. In Vietnam waren die Großgrundbesitzer

die kleinen Herrscher, der König war der große Herrscher. Als jedoch in den 50er Jahren die Kommunisten von Ho Chi Minh (Gründer des vietnamesischen Kommunismus) mächtig wurden, mussten meine Vorfahren um ihr Leben rennen. So flohen sie nach Südvietnam, wo die Menschen in einer „demokratischen Republik" lebten. Reiche Leute waren für die vietnamesischen Kommunisten böse Menschen und wurden umgebracht (Rache-Mentalität). Mein leiblicher vietnamesischer Großvater war in einer Schule mit französischer Erziehung, welche sich die armen Menschen nicht leisten konnten.
Vietnam gehörte bis zum Jahre 1954 als Teil von Indochina zu der französischen Kolonie.

Auf der Grundlage der vietnamesischen Kultur und dank der Erziehung meiner gebildeten deutschen Eltern konnte ich mein „eigenes Haus" bauen, das viele Merkmale der unterschiedlichen Kulturen und Erziehungsmethoden aufweist. Ich bin froh und dankbar, unsere Welt mit vielen verschiedenen Augen sehen zu können.
So befinden sich zwei unterschiedliche Kulturen in mir. Ich bin der Überzeugung, dass *die Vielfalt das Leben nur bereichern kann.* Sind Sie auch dieser Meinung?

Mit dieser ausführlichen Erzählung über meine Vergangenheit und meine Herkunft möchte ich zum Ausdruck bringen, dass ich die Höhen und Tiefen sowie die vielen Facetten des Lebens aber auch die verschiedenen Kulturen kennen lernen konnte. Die vielen Erlebnisse (= Lebensschule), in denen ich oft allein durch dick und dünn gehen musste, haben mich deswegen reifer und stärker gemacht.

Es ist ein besonders großes Glück für mich, dass ich selbst die schlimmen Ereignisse bewusst durchlebt habe. So kann ich sagen, wie es auch wirklich war.
Ich hätte bis jetzt drei Mal mein Leben verlieren können. Durch die Lebenskraft habe ich diese Tiefen gut überstanden. Diese harten Zeiten gaben mir auch das Wissen über Themen wie Erfolg, Disziplin, Armut, Unglück, Resignation, Selbstmord, Hoffnung, Arbeit an sich selbst etc.

Nun lebe ich hier in Deutschland und muss leider mitansehen, wie die schöne hohe deutsche Kultur langsam aber sicher untergeht. Mit so vielen Lebenserfahrungen und Talenten, die mir der liebe Gott mit auf den Weg gegeben hat, kann ich doch nicht tatenlos zusehen, dass vieles den Bach hinuntergeht.
Es ist mir nun mal nicht egal, dass es so schlimm geworden ist!
Universelle Werte haben mit Zurückhaltung, Grenzen oder sogar mit Opfergabe wie Dankbarkeit, Fairness, Höflichkeit etc. zu tun. Unsere westliche Welt missbraucht den Begriff „Werte“ für unsere egoistischen Zwecke wie Habgier und Machtsucht als Freiheiten und Menschenrechte.
Diese falschverstandenen Werte zerstören unsere Welt, weil sie keine Grenzen kennen.

Gesellschaftliche Probleme

Deutschland auf höchstem Niveau

Die hohe deutsche Kultur, zum Beispiel mit Friedrich von Schiller, Johann Sebastian Bach, Ludwig van Beethoven und den vielen Philosophen ist ein Lehrstück für die ganze Welt. Jeder Mensch aus allen Teilen dieser Erde sollte es lernen! Deutschland bietet die größte kulturelle Vielfalt an. Kultur beruht auf Bildung und Wohlstand.
Nicht zu Unrecht haben Franzosen in der Vergangenheit Deutschland als das „Land der Lüfte" genannt. Mit „Luft" ist „hohe Kunst" oder „geistreiche Ideen und Entdeckungen" gemeint.
Deutschland hat kulturell das höchste Niveau vorzuweisen.
Kein Land der Welt kann dieses hohe Niveau anbieten: Weder Japan noch Indien oder China, nicht einmal die europäischen Nachbarn wie Frankreich oder England.

Wohlstand und Freiheit mit ihren negativen Folgen

Wir dürfen aber leider nicht vergessen, dass auch viele Sachen nicht gut sind, die wir in Deutschland und in der freien westlichen Welt haben.
Es geht den meisten Menschen in Deutschland viel zu gut, so dass sie nicht mehr in der Lage sind, die eigenen Probleme und die Weltprobleme, die es z.B. in Laos, Thailand oder in Afrika gibt, zu erkennen. Die Menschen haben schon längst die Realität aus den Augen verloren. Sie wissen nicht, was Armut und Schwitzen für Natur und Mitmenschen bedeuten. Dafür beschäftigen sich die

meisten Menschen (Deutsche und Ausländer) in erster Linie mit sich selbst, z.B. mit „theoretischen Planspielen" wie Politik und Wirtschaft. Diese „Planspiele" haben jedoch oft nur wenig mit der Realität zu tun sondern dienen eher als sinnvolle (Freizeit-) Beschäftigung. Hierbei wird nicht selten betrogen und belogen, weil das Geld die zentrale Rolle spielt. Eine weitere Lieblingsbeschäftigung ist die Religion.
Diese Menschen werden von den Medien sogar vergöttert, damit das Leben für die Menschen „einen göttlichen Stellenwert" bekommt.
So drehen sich die Gedanken dieser Menschen immer wieder im Kreis (= Teufelskreis) herum.

Mensch verliert Urinstinkt als Lebewesen

Außerdem haben viele (oder sogar die meisten) Menschen in unserer Wohlstandsgesellschaft schon längst ihren natürlichen Urinstinkt eines Lebewesens verloren.
Wir müssen alle Menschen immer in Erinnerung rufen, dass wir Menschen nur „sterbliche affenähnliche Lebewesen von dieser Erde" sind.
Es ist nicht lange her, als der Mensch noch wie ein Affe ausgesehen und gehandelt hat.
Die neuen Medien wie Computer (-spiele) oder die neuen technischen Entdeckungen wie Schusswaffen, Bomben, Autos, Flugzeuge, Fernseher, mobiles Telefon usw. haben diese natürlichen Instinkte der Menschen vernichtet. Dadurch ist der Mensch jetzt nur noch ein ganz schlechtes Lebewesen, das kaum noch natürliche Instinkte besitzt, weil es viel zu bequem bzw. *zu faul*

oder zu habgierig geworden ist. Welch ein trauriger Anblick!

Pflichten gehören auch zum Leben, nicht nur Rechte

In der freien westlichen Welt sprechen wir ständig von den Menschenrechten, welche *Rechte* wir überall haben. Aber es wird leider kaum erwähnt, dass wir auch *Pflichten* für das Leben haben. Rechte und Pflichten gehören unzertrennlich zum Leben wie schwarz und weiß, kalt und heiß oder wie Ying und Yang in der chinesischen Kultur.

Jeder Mensch hat auch zwei Seiten in seinem Leben: die gute und die schlechte Seite. Aber es wird leider kaum über die schlechte Seite des Menschen gesprochen.

Die schlechte Seite besteht zum Beispiel aus Neid, Missgunst, Habgier, Machtgier, Missbrauch, Rache, Unehrlichkeit, Faulheit, Frechheit, Undankbarkeit etc. Diese schlechte Seite können wir sogar in unserer eigenen Familie erkennen.

Den Weltfrieden können wir durch die schlechte Seite des Menschen nie erreichen. Zwar sprechen wir oft vom Frieden, aber es ist nur ein Lippenbekenntnis.

Es hat übrigens noch nie den Weltfrieden gegeben und es wird ihn in Zukunft auch nicht geben, weil die schlechte Seite des Menschen diesen Frieden zunichte macht. Die vielen Freiheiten, die den unterschiedlichen Völkern zustehen, tragen auch zum Misserfolg bei, weil sie alle nicht in der Lage sind, zu einem gemeinsamen

Ergebnis zu kommen. Schließlich will jedes Volk seine Sitten, Gebräuche und Interessen (=Habgier und Machtsucht) bewahren.

Wissen die meisten Menschen, wie dieser Friede wenigstens im Ansatz erreicht werden kann? Wissen diese Menschen auch, dass sie sich dafür anstrengen müssen und auf vieles verzichten müssen? Sind diese Menschen auch wirklich bereit, Kompromisse einzugehen, indem sie nachgeben? Haben die Menschen es in einer Wohlstandsgesellschaft oder anderswo auch gelernt? Wohl kaum. Leider.

Habgier und Machtsucht werden gerne übersehen

Zu dieser schlechten Seite des Menschen möchte ich ein Beispiel nennen:

In unserer westlichen Welt denken wir, dass der Kommunismus doch schlimm sei, weil die Menschen dort nicht so viele Freiheiten haben.
Eigentlich hat dieses kommunistische System ein gutes Ziel: Die reichen Menschen müssen ihr Hab und Gut an die armen geben ...Alles zum Wohl der Gemeinschaft und Gleichheit für alle. *Jedoch lässt sich diese schöne Theorie nicht in die Tat umsetzen,* weil diese Theorie die schlechte Seite des Menschen nicht berücksichtigt, z.B. Habgier, Machtsucht etc.

Das gleiche Problem haben wir auch in unserer Demokratie. Zwar denken wir, dass die vielen Freiheiten ohne Grenzen gut für unsere Entwicklung seien. Aber auch hier lässt sich dieses vernünftige Ziel nicht verwirklichen, weil der Wohlstand, die vielen Freiheiten und das Fehlen von Pflichten uns Menschen blind gemacht haben. *Der Grund liegt darin, dass wir die schlechte Seite des Menschen total übersehen haben.* Wir haben durch die vielen Freiheiten ohne Grenzen und durch den Wohlstand nicht gelernt, was Verzichten oder Schwitzen für die Umwelt, Mitmenschen bedeuten. So überschreiten wir die vielen Grenzen des Lebens, weil wir die vielen Grenzen gar nicht kennen. Uns fehlt einfach die Orientierung. Außerdem haben wir zu viele Freiheiten und Rechte aber gar keine Pflichten beispielsweise für Werte. Das ist wahrlich eine Katastrophe für unsere Welt.

Zwar werden jedes Jahr viele Millionen Euro für Hilfsbedürftige im Ausland gesammelt, aber es ist einzig Geld, das die Deutschen im Überfluss haben. Deutschland ist ein reiches Land. Außerdem wird unser Reichtum durch die Sklavenarbeit in armen Ländern gesichert.

Die Pflichten sind genauso wichtig wie die Rechte. Wenn wir aber nur mit unseren Rechten leben, übersehen wir auch die andere Hälfte des Lebens. Die Menschen unserer Gesellschaft hören diese unbequeme aber wichtige Lebenshälfte der Pflichten gar nicht gerne.

Wie sollen wir ausreichend Lebenserfahrungen sammeln, wenn wir nur die schöne Seite des Lebens sehen wollen und die schlechte Seite bewusst übersehen?

Schlimmer noch, wir kennen schon die Probleme. Da wir aber schwach und feige sind, laufen wir vor den Problemen einfach davon, indem wir gerne schweigen.

Natürlich ist es sehr hart, sich „zum Guten“ zu ändern. Viele Menschen werden sofort jammern und weinen. Viel Geduld müssen wir aber haben. Die Erfolge können sich langfristig sehen lassen. Aber wir müssen für diese Veränderung nun mal viel schwitzen und Opfer bringen. Und genau das will und kann so gut wie niemand.

Durch die Pflichten lernen die Menschen, aufeinander zuzugehen. Die Höflichkeit und das Nachgeben werden dabei gefördert. Das Verzichten auf persönliche Bedürfnisse, die nicht lebensnotwendig sind, wird geübt und in die Praxis umgesetzt.
Menschen lernen durch die Pflichten, rücksichtsvoll miteinander umzugehen und dass sie nett und fair zueinander sind. Charakterbildung als Pflicht?
Auch dass die Menschen lernen, dankbar zu sein für das, was sie haben und bekommen.

Nur so können die Menschen lernen, was wichtig oder unwichtig für das Leben ist.

Egoistische Bedürfnisse als Freiheiten

1. Der Wohlstand,
2. die vielen Freiheiten ohne Grenzen
3. und das Fehlen von Pflichten für Werte

Genau diese drei schönen „Sachen“ haben die Menschen zu Egoisten und zu orientierungslosen Menschen gemacht.

Die „drei schönen Sachen“ von oben haben die Menschen blind gemacht, so dass viele Menschen gar nicht mehr wissen, was gut oder schlecht ist.
Es sind auch die drei Hauptgründe, warum die Hälfte der Ehen in deutschen Großstädten wieder auseinandergeht und warum die Menschen rücksichtslos mit den Mitmenschen und der Umwelt umgehen.
Habgier, Faulheit und Gedankenlosigkeit sind jetzt im Trend. Ist diese Entwicklung nicht erschreckend?

Die Folgen der egoistischen Bedürfnisse

Ein Zeichen für diese negative Entwicklung in Deutschland oder in den U.S.A. können wir bei unseren vielen Altenheimen sehen. Hier wird uns vor Augen geführt, dass unsere deutsche Lebensweise den Charakter der Menschen kaputt gemacht hat.
In anderen Kulturen gibt es zum Glück nicht so viele Altenheime, weil die Menschen dort gelernt haben, für die Großverwandtschaft zu schwitzen und zu kämpfen. Ob im Nahen oder im Fernen Osten von Asien, diese Mühe aufzubringen, ist in der Großfamilie selbstverständlich. Denken wir doch z.B. an Japan, Südkorea oder Singapur...
Selbst hier in diesen reichen Ländern kämpfen die Menschen bis zum letzten Tropfen für die Großverwandtschaft. Die alten und kranken Menschen werden nicht in Altenheime abgeschoben sondern zuhause von den eigenen Verwandten gepflegt.
Zwar nimmt die Anzahl der Altenheime in Japan und Südkorea zu, weil das Geld bzw. die Geldgier den Charakter des Menschen immer mehr verdirbt, aber der

Familienzusammenhalt hat dort immer noch Priorität. Das hängt mit ihrem Wertesystem zusammen.

Leider ist diese schöne Einstellung für uns Deutsche ganz fremd geworden. Wie traurig!
Wie wäre es, wenn wir Deutsche von diesen Menschen aus fremden Kulturen gute Sachen lernen würden?

Der Werteverfall wird immer schlimmer durch die vielen Freiheiten ohne Grenzen und durch das Fehlen von Pflichten für Werte.

Werte zeichnen nun mal die Menschheit aus.

Unsere westliche Erziehung ohne Pflichtbewusstsein

Nun ein Beispiel für unsere westliche Erziehung.
Die Eltern versuchen, alles für ihr Kind zu tun, damit es ihm gut geht. Werden aber später die Kinder auch alles tun, damit es den Eltern im hohen Alter gut geht? Eher nicht.
Wissen die Kinder, dass dies auch ihre Pflicht ist? Wohl kaum.
Hat es jemand den Kindern beigebracht?
Die Dankbarkeit fehlt hier, alles nur weil die Pflichten für Werte fehlen.

Das Familienleben

Das klassische Familienleben gibt es in Deutschland kaum noch. Gerade der Zusammenhalt innerhalb der Familie ist die wichtigste Säule des Erfolgs und des täglichen Lebens, in dem man sich nicht einsam fühlt.

Wir wissen ja, dass die Einsamkeit der Menschen oft zu Dummheiten führt. Diese Naivität bzw. die Sehnsucht nach menschlicher Wärme, in der man Dummheiten macht, ist eine Katastrophe für unsere kranke Gesellschaft.
Alles nur, weil die meisten Menschen nicht gelernt haben, einander richtig zuzuhören und vor allem füreinander zu kämpfen und zu schwitzen.
Die meisten Menschen in einer Wohlstandsgesellschaft neigen dazu, auf ihr Recht zu bestehen und in erster Linie an sich selbst zu denken. Sehr viele Menschen möchten sich verwirklichen. Ob es aber dem Zusammenleben gut tut, wenn fast jeder Mensch so egoistisch denkt?

Die totale Freiheit und die totale Emanzipation sind in diesem Fall leider nur ein Fluch.

Alles im richtigen Maß

Die Menschen müssen lernen, dass auch für sie Grenzen existieren.
Es ist wie im täglichen Leben: Salz und Zucker gehören zu den wichtigsten Nährstoffen für unseren Körper. Salz und Zucker sind also unverzichtbar (sogar wichtiger als Freiheiten).
Wenn wir etwas zu viel haben, z.B. wir essen zu viel Zucker oder Salz, ist gerade diese Überdosis auch nur Gift für uns. Alles im richtigen Maß. Und diese Sache müssen wir nun einmal lernen. Daran kommen wir Menschen nicht vorbei.

In Deutschland haben wir leider viel zu viele Rechte aber gar keine Pflichten, beispielsweise für Werte. Das ist total schädlich!

Nach mir die Sintflut

Den meisten Menschen ist es leider egal, wie die Welt morgen aussieht. Sie konzentrieren sich nur auf heute und auf das, was sie jetzt bekommen können. Wie oberflächlich, egoistisch und unreif ist diese Denkweise?
So hinterlassen wir täglich unseren Nachkommen Unmengen von Müll; angefangen beim Plastikmüll über Atommüll oder Giftmüll bis hin zu unserem „Lebensmüll“.
Wie sollen unsere Nachkommen mit dieser Müllflut fertig werden?
Sind unsere Kinder und Enkelkinder nicht schon längst zu Egoisten und zu orientierungslosen Menschen herangereift?

Wir Menschen haben auch die Pflicht, unsere schöne Umwelt (Pflanzen und Tiere) zu schützen, schließlich geben uns die Pflanzen den Sauerstoff zum Leben. Müssen wir Menschen nicht dankbar sein, dass die Bäume uns Luft bzw. den Sauerstoff zum Atmen geben?
Wir Menschen dürfen nicht meinen, dass wir kleine Götter hier auf Erden sind, die nach Lust und Laune die Umwelt zerstören dürfen! Haben nur die Menschen das Recht, hier zu leben und die Pflanzen und Tiere aber nicht?
Wie viele Wildtiere (Tiger, Elefanten etc.) und Bäume müssen noch sterben, damit es den Menschen gut geht?

Jährlich stirbt eine Fläche Urwald, die so groß ist wie halb Deutschland.

Verherrlichung der Menscheit

Wir dürfen die Menschen nicht „vergöttern“ wie es die geldgierigen Medien machen mit Leitsätzen wie „Ich bin es mir wert“ oder „Weck das Göttliche in dir“. Wozu das egoistische Ich? Sind wir Lebewesen oder kleine Götter?
Der Westen verherrlicht den Menschen und das Leben zu sehr. So erfinden die Medien immer wieder neue Sachen, die die Menschen „glücklich machen“. Dadurch verlieren sehr viele Menschen den Realitätssinn, weil sie viel zu viel und viel zu oft an sich selbst denken.

Ist der Fortschritt immer sinnvoll?

Außerdem sollten wir beim Wort „Fortschritt“ äußerst vorsichtig sein, denn die Folge ist oft die „Bequemlichkeit“.
Leider hat der Begriff „Bequemlichkeit“ auch eine schlechte Seite wie der folgende Spruch zeigt:

„Bequemlichkeit ist ein großer Schritt zur Faulheit!“

Wir sollten unsere Mitbürger, vor allem unsere Kinder und Jugendlichen, nicht zur Faulheit animieren, weil aus der Faulheit eine ganze Kette von schlechten Eigenschaften entsteht wie „Rücksichtslosigkeit, Gedankenlosigkeit, Undankbarkeit, Frechheit, Krankheit, Gier etc.“

Missbrauch der Freiheit

„Freiheit bedeutet auch Gutschein für eine Menge Dummheiten!“
Jeder Mensch darf so leben wie er mag. Er darf alles zerstören, so viel er mag. Er darf sich nur nicht erwischen lassen. Wenn der Übeltäter von der Polizei erwischt wird, was aber nur selten der Fall ist, macht sich der Übeltäter auch nur lustig über unsere harmlosen Strafgesetze. Angst hat dieser Übeltäter vor diesen Gesetzen natürlich nicht. So darf dieser Übeltäter weiterhin sein Unwesen treiben. Den Polizisten sind oft die Hände gebunden durch die lückenhaften Gesetze. Sehr schade und traurig.
Warum machen wir unseren Polizisten das Leben schwer, weil wir zu viele lückenhafte Gesetze haben?

Alle Menschen sind frei in der Demokratie und dürfen auch so bleiben wie sie schon längst sind:
Rücksichtslos, undankbar, frech, faul, gierig, unehrlich etc. Der Staat ist hier machtlos und kann nichts dagegen unternehmen. Ist es nicht frustrierend?
Für universelle Werte gibt es leider keine Gesetze. Und genau hier sind viele Menschen orientierungslos, weil sie zu viele Freiheiten haben.

Mensch aus Körper und Geist

Wie wir alle wissen, besteht der *Mensch aus Körper und Geist.*
Unser geliebtes Grundgesetz beschäftigt sich aber nur mit unserem Körper.

Den Geist (= Seele) übersieht das Grundgesetz völlig, weil man den Geist nicht sehen kann.
Wie kann unser Grundgesetz gut sein, wenn dieses Buch die komplette Hälfte des Menschen (= die Seite des Geistes) außer Acht lässt?
Sollen wir nur mit der Hälfte des Menschen leben? Sind wir dann auch zufrieden?
Wenn es uns Menschen psychisch (= seelisch) schlecht geht, sind wir doch nicht in der Lage, etwas Vernünftiges zustande zu bringen. Es ist also offensichtlich, dass die Psyche sogar unseren Verstand beherrscht, so dass die Psyche den ganzen Körper lahmlegen kann.
Es ist medizinisch bewiesen, dass die meisten chronischen Krankheiten psychischen Ursprungs sind.

Werte als Beitrag zur Charakterbildung

Zu der Seite des Geistes gehören *universelle Werte*.
Werte dienen im täglichen Leben als Richtlinien für uns Menschen. Die Erziehung zum Leben mit Geist und Seele wird dadurch gefördert.
Werte geben uns auch die Möglichkeit, die vielen Grenzen unseres Lebens zu erkennen. *Werte als Beitrag zur Charakterbildung?*
Ohne Werte wandern wir Menschen orientierungslos durchs Leben und überschreiten dadurch viele Grenzen, was wir aber nicht tun dürfen!
Das ist auch der Grund, warum die westliche Welt ihrem Untergang langsam aber sicher entgegengeht!
Da aber die westliche Welt militärisch und finanziell so mächtig ist, zieht sie auch den Rest der Welt mit in den Abgrund.

Zum Thema: Liebe

Der Begriff „Liebe“ ist nur ungenau und wird oft mit Sex verwechselt.
Zwar wird im Fernsehen und im Radio ständig von der Liebe gesprochen und gesungen, aber die meisten Menschen (mehr junge Menschen) wissen gar nicht, wie sie ein harmonisches Leben führen sollen. Schließlich möchte ja (fast) niemand auf seine Selbstbestimmung, vor allem auf seine „Selbstverwirklichung“ verzichten. So können sich die Menschen nur schwer auf etwas Gemeinsames einigen, das aber nicht von Dauer ist.
Die Menschen haben durch den Wohlstand und die vielen Freiheiten nicht gelernt, für die Liebe bzw. für die Familie zu schwitzen und sich dafür zu opfern. Das heißt natürlich auch, dass man auf bestimmte Sachen verzichten muss, was die Menschen wiederum nicht gelernt haben, weil sich bei uns in Deutschland der Egoismus immer mehr durchsetzt.
Leider legen wir in der westlichen Welt zu viel Wert auf das Äußere anstatt auf die inneren Werte des Menschen. Sexy Figur und Luxus wie „Schau mich an, wie toll ich bin“ sind somit viel wichtiger als der Charakter.

Ist unsere aktuelle deutsche Erziehung wirklich gut?

Es gibt einen schönen Spruch, den wir in Deutschland einführen sollen:
„Man muss die Menschen zu ihrem Glück zwingen!“

Aber in Deutschland darf man ja in der Erziehung keinen Druck ausüben.

Schneiden wir uns nicht ins eigene Fleisch, wenn wir so denken?
Wir fördern durch unsere deutsche Erziehung auch Eigenschaften wie Egoismus, Faulheit, Frechheit, Rücksichtslosigkeit, Undankbarkeit, Geldgier, Habgier etc.
Können wir wirklich stolz auf diese Entwicklung sein? Oder sollten wir uns dafür schämen?
In unserem Land haben wir ja das Recht, bei den Problemen wegzusehen und davonzulaufen. Wie lächerlich ist dieses Recht, das wir hier in Europa und in den U.S.A, also in der westlichen Welt, haben?

Unser lückenhaftes Grundgesetzbuch

Die meisten deutschen Gesetze geben dem Übeltäter oft auch noch Recht! Außerdem schützen die deutschen Gesetze eher die Übeltäter und nicht die Menschen mit Zivilcourage. Leider wird es den Menschen mit Zivilcourage so schwer gemacht, dass sie sich nicht trauen zu helfen: Bürokratie und Beweise. In unserer Gesellschaft, in der vieles ignoriert wird, ist es äußerst schwierig, Beweise bzw. Zeugen zu finden. Das ist auch ein Hauptgrund, warum die Mitmenschen Angst haben, in der Öffentlichkeit zu helfen, weil die Gesetze zu kompliziert sind. Traurig aber wahr! Meine deutschen Freunde haben es selbst erfahren.
Aber dass wir die vielen Lücken im Grundgesetz schließen sollen, auf diese Idee kommt keine deutsche Politik!
Natürlich gibt kein Politiker gerne zu, dass auch unsere geliebte Demokratie eine dunkle Seite hat. Wie unehrlich und unreif sind diese Politiker?

Mensch als Zerstörungsmaschine

Ein weiterer Spruch:
„Der Mensch darf kein Lebewesen sein, das die schöne Welt zerstört und anschließend wegsieht, wenn es darum geht, seine vielen Fehler zu korrigieren.“

Leider gibt es zu viele Sachen, die korrigiert werden müssen. Aber wer tut es?
Wer öffnet den Menschen die Augen?
Wollen sich die Menschen wirklich ändern? Einfach so freiwillig? Leider nicht.
Wir alle wissen, dass niemand freiwillig seine Macht oder sein Geld hergibt, zumal die Machtsucht und die Habgier primär unser Leben bestimmen.

Für diese Veränderung ist leider Druck notwendig. Und genau hier werden wir in unserer Demokratie scheitern. Anstatt Druck auszuüben, versuchen wir, die Mitmenschen mit Geschenken zu verwöhnen, damit sie sich überhaupt anstrengen. So fördern wir auch Eigenschaften wie Habgier, Faulheit, Undankbarkeit etc. Eine katastrophale Erziehung?

Junge Menschen mit ihren Ansprüchen

In den Medien können wir sehen, wie immer mehr junge Menschen von den Werten wie „Zusammenhalt und Treue“ sprechen, die für diese Menschen von Gewicht sind.
Diese guten Absichten lassen sich jedoch kaum realisieren, weil die jungen Menschen allgegenwärtig von den vielen Freiheiten ohne Grenzen in Versuchung

geführt werden. Die Verführungen sind zu groß, so dass am Schluss doch gesündigt wird. Schließlich haben die meisten Menschen ja nicht gelernt, was „Verzichten" oder „Selbstdisziplin" bedeuten.
Das Verhalten dieser Menschen erinnert uns an den wichtigen Satz aus dem Neuen Testament vom Evangelisten Matthäus: *„Der Geist ist willig, das Fleisch ist aber schwach".*
Die vielen Menschen (jung und alt) verfehlen ihr Ziel immer wieder, weil ein gewisser Druck fehlt, der sie auf die richtige Bahn lenkt.
Es liegt also auf der Hand, dass nur eine gesunde Portion Druck die Menschen zum Guten bewegen kann.
Werte wie „Anstand und Vernunft" sind ja die Hauptfeinde des Geldes. Dadurch stehen diese Werte in unserer kapitalistischen Gesellschaft den Menschen nur als Barrieren im Wege.
Leider sind die meisten Menschen zu blind oder zu egoistisch, um es zu erkennen.

Unser lückenhaftes Denken

Nachdem die Welt inzwischen so global geworden ist, bin ich der Überzeugung, dass wir alle voneinander lernen sollten. Es gibt kein Land, das nur gute Seiten hat. Auch kein politisches System, das keine dunklen Seiten hat. Und hier haben wir die Chance, das Gute von den anderen Kulturen zu lernen.

Demokratie nicht als Heilmittel für alle Menschen

Daher dürfen wir in unserer Demokratie nicht meinen, dass unser politisches System nur Vorteile aufweist und dass sich die ganze Welt nach unserer lückenhaften Demokratie richten muss. „Unsere geliebte Demokratie“ hat auch die schlechte Seite. Schließlich sind die vielen Freiheiten auch Gift für die Menschen, das uns langsam aber sicher tötet.

Ein Beispiel für unsere westliche Arroganz und Unreife anhand der NATO-Mitgliedstaaten.

In Afghanistan haben wir im Jahr 2001 gesehen, wie arrogant der Westen den Menschen von Afghanistan anfangs die westliche lückenhafte Demokratie aufzwingen wollte.
Dabei wissen die westlichen Mächte nicht, dass die meisten asiatischen Länder zwar mehr Freiheiten aber niemals diese lückenhafte Demokratie haben wollen.
In den meisten asiatischen und afrikanischen Ländern brauchen die Menschen immer einen Anführer oder eine Leitung (=eine starke Hand), die die Menschen führt. Daher haben die Menschen entweder einen militärischen Anführer oder einen religiösen Anführer. Die vielen Demonstrationen in Asien und Afrika nützen nur den Begriff „Demokratie“ aus, um ihr Ziel zu erreichen, z.B. um einen Gottesstaat zu gründen. Aber wie blind und unreif ist der Westen, der diese Strategie der vielen fremden Länder nicht versteht?

Der arrogante Westen sollte nicht ahnungslos für die Einführung der lückenhaften Demokratie in den afrikanischen oder in den asiatischen Ländern bombardieren! Vielmehr sollte sich der Westen informieren, wie die Einstellung der Menschen bzw. wie der kulturelle Hintergrund z.B. in Asien oder in Afrika ist und was die Menschen dort brauchen. Unsere Einmischung ohne Hintergrundwissen verschlimmert oftmals die Lage, z.B. Irak, Nord-Afrika, Syrien.

Abschaffung der Todesstrafe – für alle Menschen?

Ein anderes Problem.
In Europa haben wir mit Stolz die Todesstrafe abgeschafft, weil wir niemanden töten wollen. Jedoch haben wir im Ausland immer wieder versucht, z.B. Afghanistan im Jahr 2001 oder Irak im Jahr 2003 mit Waffengewalt zur Vernunft zu bringen. Dadurch haben wir viele Menschen getötet. Nun stellen wir uns die Frage, welche Einstellung wir eigentlich haben:

Wir töten in unserem Land keine Menschen aber dafür viele Menschen im Ausland. Ist es nicht absurd?

Europa als Vorbild für Rest der Welt? Nein! Bloß nicht!

Jetzt möchte ich ein Geheimnis lüften, warum wir jetzt im reichen West-Europa keine Kriege gegeneinander führen.
Da die meisten Menschen von uns im Wohlstand leben, im Vergleich zu Menschen aus z.B. Afrika, Asien, Latein-Amerika, haben wir Angst, unser Hab und Gut (= Luxus) zu verlieren. Unsere Habgier und Machtsucht haben Priorität und bestimmen daher unser Leben. So macht es uns viel mehr Spaß, kollektiv die armen Länder auszubeuten als Kriege gegeneinander zu führen, wie

z.B. vor ca. 70 Jahren und mehr, als die europäischen Mächte noch gegeneinander kämpften.
Damals waren die Menschen auch viel ärmer als jetzt und hatten deshalb nicht viel zu verlieren.
Nur so hatten sie damals Kriege gegeneinander gefüht.

Beispiel für Verherrlichung der Menschheit im Westen

Etwas Komisches. Im Fernsehen können wir viele Naturkatastrophen sehen, z.B. auf Haiti (2010). Für uns Europäer sind diese Länder weit weg und „unterentwickelt“. „Diese Länder können in vielerlei Hinsicht doch nicht mit uns mithalten! Sie sind Menschen zweiter Klasse“ denken wir. Kaum dürfen sich diese Menschen bei uns im Westen aufhalten, steigen sie auch zu „Kleingöttern“ auf (wie wir im Westen es schon längst sind). Schließlich wird die Menschheit bei uns vergöttert. Daher wollen doch viele arme Menschen auf der ganzen Welt bei uns im Westen wohnen. Sehr merkwürdig?

Wann brauchen wir die Demokratie?

Wir schneiden uns immer wieder ins eigene Fleisch, wenn wir pausenlos nach Freiheit und Menschenrechten schreien! Denn unsere Einstellung kennt ja nur Rechte aber gar keine Pflichten beispielsweise für Werte! Es geht nicht um die Frage, ob die Demokratie gut ist, sondern es bedarf viel mehr der Überlegung, wann wir die Demokratie brauchen und wann aber nicht.
(Siehe Beispiel „Salz und Zucker als wichtige Nährstoffe für unseren Körper“. Alles in der richtigen Dosis.)

Zum Schluss von diesem Kapitel möchte ich Ihnen etwas erzählen, das mich sehr traurig machte, weil unser Grundgesetz den Menschen das Leben schwer macht:

An einem Sommerabend im Jahr 2009 sah ich in meiner Wohngegend zwei Polizisten, die ihren Dienst hatten. Sie wanderten durch die Straßen. Diese zwei Polizisten kamen an einer großen Wiese vorbei, wo ca. zehn Jugendliche fremder Kulturen standen. Einige der Jugendlichen sagten laut: „Scheißbullen!" (Schimpfwort für deutsche Polizisten).
Daraufhin machte ich die Polizisten auf die Worte der Jugendlichen aufmerksam mit „Herr Polizist, ich glaube, diese Menschen haben Sie beleidigt. Hören Sie es nicht?"
Einer der Polizisten wandte sich mir zu und meinte ganz freundlich: „Ja, ich weiß. Aber leider können wir da nichts machen. Wir wissen nicht, wer von den Jugendlichen „Scheißbullen" gesagt hat. Wir können nicht alle bestrafen. Es ist besser, wir schauen einfach weg."
Wie peinlich ist unser Deutsches Grundgesetz? Unseren Polizisten sind wieder einmal die Hände gebunden.
Dürfen die Menschen ohne Werte wie „Höflichkeit, Anstand, Respekt etc." leben?
Wo hat die Freiheit in diesem Fall ihren Sinn?
Ist unsere druckfreie Erziehung wirklich sinnvoll wie es in den geldgierigen Medien und in der theoretischen Wissenschaft (ohne Wissen über Geist und Seele) angepriesen wird?

Haben die meisten Menschen auch hingesehen und es verstanden? Wissen die Menschen, dass wir das Gesetz

jetzt ändern müssen? Und natürlich müssen wir uns auch selbst ändern?
Nur so können wir dann unsere Welt ändern!
Da wir nicht einmal diese Frechheit bestrafen können, wie sollen wir die mächtige Mafia bekämpfen, die mehr Geld und dadurch bessere Waffen hat als unsere arme Polizei?

Probleme mit den ausländischen Mitbürgern

Ist das etwa gelungene Integration?

In Deutschland leben viele Menschen unterschiedlicher Herkunft. Durch die unübersichtliche politische Lage, die es z.B. in Afrika oder in Asien gibt, kommen viele Menschen zu uns, weil sie ein besseres Leben haben möchten. Es ist für uns nicht leicht herauszufinden, aus welchem Grund die Einwanderer tatsächlich bei uns sind.

Viele Menschen bringen nur wenig Kultur und Bildung mit, so dass diese Menschen es kaum schaffen, sich in unserer hohen deutschen Kultur zu integrieren, wenn sie sich nicht bemühen, unsere hohe deutsche Kultur kennenzulernen.

Mensch ist nicht gleich Mensch.

Es gibt
- fleißige und faule
- gebildete und ungebildete
- tiefgründige und oberflächliche
- rücksichtsvolle und rücksichtslose
- hoch zivilisierte und primitive...

Menschen.
Es existieren auf unserem Planeten viele Kulturen, Religionen, Sprachen usw.

Die Unterschiede können aber sehr groß sein, so dass wir nur wenige gemeinsamen Nenner für ein friedliches Zusammenleben finden können.
Wie sollen wir aber friedlich miteinander leben, wenn die Menschen nicht lernen wollen, gemeinsame Richtlinien zu richten und sich vor allem auch daran zu halten?
Dass sich die vielen Einwanderer fremder Kulturen nach den „deutschen Richtlinien“ richten, wenn sie bei uns leben wollen, was eigentlich selbstverständlich ist? Schließlich ist dieses Land auch das Land der Deutschen (=Hausbesitzer-Recht der Deutschen).
Wir Deutsche sind doch selbst schuld, dass wir so viele harmlose und einseitige Gesetze für das Zusammenleben haben!
Schlimmer noch, wir haben gar keine Gesetze für ein anständiges und friedliches Zusammenleben! ES FEHLEN DIE PFLICHTEN FÜR WERTE in unserem geliebten Grundgesetz. So ist unser Untergang vorprogrammiert.
So kann ein Großteil der Einwanderer so sein wie er will: faul, frech, unehrlich, rücksichtslos, undankbar, gierig etc.

Da unser Staat jedem armen Bürger gerne hilft und kaum Bedingungen an die neuen Einwanderer stellt, haben die vielen Einwanderer ein leichtes Spiel. So müssen diese Einwanderer gar nichts für den Deutschen Staat tun und sie bekommen von uns Hilfe.
Nachdem wir gar keine „Gesetze für die Pflichten“ haben, darf jeder Neuankömmling so ziemlich alles machen, was er möchte. Das Lernen oder Kennen von unserer Kultur ist keine Pflicht für diese Ausländer. Außerdem ist das Lernen überhaupt auch sehr schwierig,

so dass die meisten Ausländer es nicht schaffen; die neue Sprache, vor allem die neue Kultur mit ihren Sitten und Gebräuchen...alles doch viel zu schwierig und anstrengend für sie.
Deutsch-Kurse tragen nur wenig zur Verständigung der deutschen Kultur bei.
Selbst wenn diese Ausländer die deutsche Sprache gut beherrschen und ihren Job gut machen, heißt es noch lange nicht, dass diese Ausländer sich mit unserer europäischen Kultur identifizieren. So schotten sich diese Ausländer immer mehr von uns ab, ohne dass es uns bewusst wird.

Parallelkulturen in Deutschland

Deutschland hatte eine traurige Vergangenheit in der Nazizeit. So dürfen die deutschen Bürger jetzt nicht stolz auf ihr Deutschland sein. Die deutschen Bürger wurden nach dem Zweiten Weltkrieg zu toleranten Menschen erzogen, so dass diese deutschen Bürger keinen Druck auf Fremde ausüben dürfen. Das ist ihr Dilemma.

Unsere Ausländer werden nicht zum Lernen gezwungen und es haben sich im Laufe der Zeit immer mehr Parallelkulturen gebildet, weil die wenigen Deutsch-Kurse nicht genug sind. Die neuen ausländischen Mitbürger dürfen weiterhin ihre alte Lebensweise behalten. Jedoch stellen die unterschiedlichen Kulturen und Religionen große Probleme für Deutschland und Europa dar.

Ich möchte ein Beispiel machen:

Viele Kinder ausländischer Herkunft haben in ihrer Vergangenheit für die Armee ihres Landes dienen müssen. Gewalt und Verbrechen waren für sie an der Tagesordnung.
Nun sind diese Kinder mit ihren Familien bei uns in Europa und sollen einen liebevollen Umgang miteinander kennenlernen. Diese Kinder kannten in ihrer Vergangenheit aber nur ein Lernen mit Druck und Gewalt. Nur dieses Lernen kennen sie.
Diese Kinder sind somit nicht in der Lage, etwas Neues ohne Druck zu lernen. Es heißt also, dass die Kinder nur etwas lernen, wenn sie Druck bekommen.
Unsere westliche Einstellung, die fremden Kinder **nur** mit Vernunft und Liebe zu erziehen, wird in den meisten Fällen keinen Erfolg haben, weil die Unterschiede zwischen den Kulturen und Religionen zu groß sind. Aber darüber spricht auch niemand. Den meisten Europäern fehlt das Wissen über die kulturellen Hintergründe der Menschen fremder Kulturen.
Unsere „gewaltfreie“ bzw. „druckfreie“ Erziehung stößt hier auf große Probleme.

Die vielen Einwanderer mit wenig Kultur und Bildung haben in Deutschland oft viele Kinder. Die deutschen Familien dagegen haben in der Regel nur wenige oder gar keine Kinder. Durch die grenzenlose Freiheit dürfen diese Einwanderer ihre einfache Lebensweise ausleben, so dass sich diese einfache Lebensweise mit der hohen deutschen Kultur in der Öffentlichkeit vermischt. Die deutsche Kultur verliert dadurch Tag für Tag ihr hohes Niveau.

Ein Beispiel:
Die meisten Jugendlichen der Einwanderer kennen weder deutsche Volkslieder noch deutsche Kunstlieder. Sie kennen nur die einfache RAP-Musik von den US-Afro-Amerikanern.
Viele orientierungslose Deutsche übernehmen diese einfache Lebensweise der Einwanderer. Dadurch entfernen sich viele Deutsche von ihrer hohen deutschen Kultur.

Geben und Nehmen nicht im Gleichgewicht – Fremde nehmen viel und geben aber nur wenig oder gar nichts

Ein weiteres Hauptproblem:
Die meisten Einwanderer kennen nur Rechte, aber kaum Pflichten. So werden wir nur selten einen oder gar keinen Ausländer fremder Kultur sehen, der sich z.B. für den Umweltschutz oder für den Atomausstieg in Deutschland einsetzt.
Aber für Ihre Vorteile, z.B. für mehr Geld oder für Asyl, gehen die Menschen gerne auf die Straße.

Der Grund dafür ist, dass z.B. die Mehrheit der Menschen aus Vietnam Deutschland nicht als ihr Land sieht. Sie möchte zwar die gleichen Rechte wie die Deutschen haben, aber bei den Pflichten sieht es anders aus. Hier will der Bürger aus Vietnam nicht die Aufgabe haben, Deutschland zu schützen. „Das ist nicht meine Aufgabe, weil Deutschland nicht mein Land ist!“ würde ein Bürger aus Vietnam sagen.

So denken die meisten oder sogar alle Bürger aus Vietnam (mit Ausnahmen) und die restlichen Ausländer fremder Kulturen. (Bürger aus Vietnam beschweren sich aber grundsätzlich nicht, wenn sie weniger Rechte als die Deutschen haben. Das zeichnet ihre strenge Erziehung aus!)

Ist es nicht unfair von uns Ausländern, hier in Deutschland nur Rechte haben zu wollen, aber dafür gar keine Pflichten anzunehmen? Warum können wir Ausländer nicht dankbar sein, dass wir hier zu Reichtum und zu vielen Freiheiten gekommen sind?
Das ist eine Lebensaufgabe für uns Ausländer, die wir das Leben lang erfüllen sollten!

Fremde sind zu stolz auf Ihren Ursprung, Kultur und Religion – wie soll da eine Integration gelingen?

Ein weiterer Grund, warum sich die meisten Ausländer fremder Kulturen nicht integrieren wollen und können, besteht darin, dass diese Ausländer zu stolz und zu überzeugt von ihrer Kultur oder von ihrer Religion sind.
Für die meisten Ausländer fremder Kulturen ist ihre Kultur mit ihrer Religion das Beste, was es gibt. So sehen diese Ausländer auch nicht ein, sich zu integrieren.
„Warum das Fremde übernehmen, wenn wir schon das Beste haben?" sagen diese Ausländer.

Die entscheidende Frage, warum die Ausländer bei uns in Westeuropa leben wollen, können wir leicht beantworten:

Die meisten Ausländer wollen mehr Geld und mehr Freiheiten haben. In ihren Ursprungsländern haben die Menschen diese Möglichkeit nicht.

Aber dass diese Ausländer dankbar sind, dass es ihnen in Europa besser geht, auf diese Idee kommt die Mehrheit der Ausländer nicht. (Dankbarkeit nur von wenigen Menschen am Anfang, danach Habgier und Undankbarkeit.)
Das ist eine sehr undankbare Einstellung der vielen fremden Menschen oder was meinen Sie?

Viele Ausländer fremder Kulturen zeigen demonstrativ wie hilflos unser Grundgesetz mit den vielen Lücken ist. So gehen viele Ausländer fremder Kulturen mit ihrer Frechheit auf die Spitze, ohne bestraft zu werden. Unseren Polizisten sind oft die Hände gebunden, weil sie nichts tun können.
So machen sich die vielen Ausländer über unser harmloses Grundgesetz lustig.
Sie lachen hinter unserem Rücken, ohne dass wir es mitbekommen können.

Die „höflichen und fleißigen" Vietnamesen.

Bei vielen vietnamesischen Familien habe ich zu Abend gegessen. Zwar besuchen die Kinder fleißig das Gymnasium (die höchste Schule in Deutschland), aber die vietnamesischen Eltern geben zuhause den Ton an. Täglich schalten die Eltern die vietnamesischen Programme ein, die sie mit Hilfe einer Satellitenanlage empfangen können. Auf meine Frage, warum nicht die wichtige und informative ARD (das erste Programm in Deutschland), antwortet der mächtige Vater „Es ist doch mir egal, was in Deutschland passiert. Ich bin Vietnamese und liebe mein Land!" So denken nicht nur Menschen aus Vietnam sondern (fast) alle Ausländer fremder Kulturen.
Aus diesem Satz und aus seiner Haltung Deutschland gegenüber, stelle ich immer wieder fest, dass auch selbst die Mehrheit der höflichen und fleißigen Vietnamesen sich nicht integrieren will. Sie kommen im Alltag oft nur selten mit der deutschen Kultur in Berührung. Es ist genug für sie, wenn sie in der Arbeit deutsch mit ihren Arbeitskollegen sprechen müssen.

Integration auch als Dilemma

Was bedeutet Integration? Ist die Integration gelungen, wenn man in Deutschland nur eine Arbeit hat? Beinhaltet die Integration nicht etwas mehr? Teilhabe an der deutschen Gesellschaft? Hat das wirklich stattgefunden? Haben wir auch wirklich hingesehen? Natürlich nicht. Leider.

Auch bringt die Integrationsfrage Probleme mit sich. Selbst die wenigen Einwanderer, die sich wie ich integriert haben, werden oft von vielen Deutschen belächelt, wenn sie sagen, dass auch sie von Einwanderern zu deutschen Bürgern geworden sind. Für viele Deutsche sind sie keine Deutsche, weil sie nicht das Aussehen und einen deutschen Namen haben. Ist nicht die innere Einstellung das Wichtigste für die Integration? Ein Dilemma?

Bürger aus Vietnam gehören zu den friedlicheren Ausländern, die in Deutschland leben.
Was ist aber mit den anderen Ausländern, die sich in Deutschland nach den radikaleren Religionen richten? Viele von ihnen treten in der Öffentlichkeit aggressiv auf, so dass wir davor Angst bekommen. Unsere Polizei kann nicht überall sein und außerdem haben diese Ausländer nichts zu verlieren, weil sie auch nichts haben.

Eine erfreuliche Nachricht.
Im Februar 2010 sah ich eine Reportage im Fernsehen auf dem ZDF (zweites deutsches Fernsehen) über Vietnamesen in den neuen Bundesländern der Republik Deutschland.
Drei von vier Kindern vietnamesischer Einwanderer schaffen das Gymnasium, die höchste deutsche Schule, obwohl die Eltern arm sind und deswegen teilweise auch (aber eher selten) von der sozialen Hilfe leben. Auch sprachen die Eltern kaum Deutsch.

Diese Kinder vietnamesischer Abstammung waren fünf Mal erfolgreicher als z.B. die Kinder anderer Kulturen oder Religionen.

<u>Hier können wir deutlich sehen, wie wichtig die Erziehung und die Einstellung sind, selbst wenn die Menschen nicht viel Geld haben.</u>

Erziehung zur Selbstständigkeit

Ein anderes Thema: Erziehung zur Selbständigkeit. Viele Menschen haben in ihrem Elternhaus beispielsweise nicht gelernt, das Waschbecken oder die Toilette sauber zu machen. Nach ihrer Schulzeit haben diese Menschen keine Zeit, es zu lernen, weil sie sich auf das Weiterlernen und Vergnügung konzentrieren. So verursachen sie Müll und Dreck z.B. in der Universität, in Bars und ärgern damit die rücksichtsvollen Mitmenschen.
Soll nicht die Erziehung zur Selbständigkeit schon im Elternhaus stattfinden? Sonst Irrtum!

Gute Erziehung ist extrem schwierig

Die Eltern haben die Pflicht, sich täglich um die Erziehung der Kinder zu kümmern. Die Erziehung sollte in erster Linie Liebe beinhalten. Jedoch darf eine gewisse Portion Strenge nicht fehlen. Das Zusammenspiel von Liebe und Strenge ist äußerst schwierig, aber es gilt in der Erziehung, das richtige Maß zu erkennen und zu geben.
Deutschland ist ein freies Land, in dem die Menschen alle Freiheiten haben. Die Menschen dürfen tun und lassen,

was sie möchten. Und genau hier haben wir die Probleme, weil unserem Staat durch die lückenhaften Gesetze die Hände gebunden sind.

Wir müssen berücksichtigen, dass die meisten Ausländer fremder Kulturen die Schwierigkeiten oder ihre Schwächen niemals zugeben. Sie sind zu stolz auf ihren Ursprung und auf ihre Kultur mit ihrer Religion.

Die vielen Ausländer werden nicht zur Ehrlichkeit gezwungen, so dass wir nie die komplette Wahrheit von den meisten Ausländern erfahren (nur „Salami-Taktik").
Gerade dieses Problem können die meisten Deutschen nicht nachvollziehen, weil sie aufgrund ihrer traurigen Vergangenheit im Zweiten Weltkrieg nicht stolz auf ihr Deutschland mit seiner Geschichte sein dürfen.
Auch können sich die meisten Deutschen gar nicht vorstellen, was der Zusammenhalt in der Familie bedeutet. In der Familie lernen die Menschen, Rücksicht auf den Anderen zu nehmen. Auch dass man füreinander kämpft und stirbt. Das alles ist leider inzwischen (fast) fremd für unsere verwöhnte Wohlstandsgesellschaft geworden.
Leider bröckelt dieser Familienzusammenhalt der vielen Ausländer im reichen Deutschland immer mehr, weil das Geld bzw. die Geldgier den Charakter des Menschen immer mehr verdirbt. In ihren armen Heimatländern würden die Fremden es nie tun!
Schließlich wecken wir im reichen Deutschland mit unserer Freizügigkeit die Habgier der Ausländer. Unsere Naivität zu glauben, dass die Flüchtlinge, die sich bei uns nur vorübergehend aufhalten dürfen, bald freiwillig unser Land verlassen, treibt uns in den Ruin. Uns fehlt

das Wissen über die Habgier (=die schlechte Seite) der Menschen.

Der Zusammenhalt der Fremden ist viel stärker ausgeprägt als bei uns in Deutschland

Etwas Wichtiges dürfen wir nicht übersehen:
Die meisten Ausländer fremder Kulturen unterscheiden nicht zwischen Gut und Böse, sondern vielmehr nach dem Prinzip:
- mein Land oder ein anderes Land,
- meine Religion oder eine andere Religion.

So setzen sie den Kampf „für mein Land oder für meine Religion" gegen das Fremde fort.
„Das andere Land ist ja nicht mein Land!" oder „Die andere Religion ist nicht meine Religion!" würden die Ausländer sagen.

Jetzt ein Beispiel zu dieser Einstellung der meisten Ausländer fremder Kulturen.
In einem großen Elektronikmarkt arbeitet ein Mann vietnamesischer Herkunft, der Abteilungsleiter z.B. von der Fernseher-Abteilung ist. Fast alle Kunden mit vietnamesischen Wurzeln werden sofort bevorzugt behandelt, weil diese Kunden das gleiche Aussehen haben und die gleiche Sprache sprechen wie der Abteilungsleiter. Hier freuen sich die Menschen, „unter sich" zu sein nach dem Motto: „Wir Vietnamesen sind ein Land und ein Volk und werden immer zueinander halten!".
So macht dieser Abteilungsleiter den „vietnamesischen Kunden" fast immer Sonderpreise, die er sonst für

andere Menschen anderer Nationen nur selten machen würde.
Auch ist diese Einstellung der meisten Ausländer fremder Kulturen verbreitet, was wir nachvollziehen können: „Deutschland ist ein reiches Land und die Deutschen sollen den armen Ausländern was hergeben!"

Die Mehrheit der Deutschen kann oder will dieses Problem nicht verstehen

Der Zusammenhalt ist in diesen fremden Kulturen viel stärker ausgeprägt als bei uns in Europa oder in den U.S.A. Daher können die meisten Europäer dieses Problem nicht verstehen. Leider geben die meisten Europäer auch nicht zu, dass sie gar nicht in der Lage sind, dieses Problem zu begreifen. Sie schweigen lieber oder reden sich das Thema schön, weil sie das Problem gar nicht verstehen.
Kann man aber so die Probleme lösen?
Wie arrogant ist der Westen, der diese Schwierigkeit nicht verstehen will?
Sind hier Berater sinnvoll, damit die vielen Politiker die Ursache der Probleme herausfinden?

Die vielen anderen Ausländer fremder Kulturen oder Religionen

Nachdem ich das ausländische Aussehen habe und weltoffen bin, komme ich oft mit verschiedenen ausländischen Gruppen ins Gespräch. Wissen Sie, was viele Ausländer fremder Kulturen zu mir gesagt haben?
„Wir Ausländer müssen zueinander halten im Kampf gegen die Deutschen!“ Ich war jedes Mal traurig als man mir das gesagt hat, weil ich darin keine Dankbarkeit erkennen konnte. Warum können wir Ausländer nicht dankbar sein, dass wir hier in Deutschland leben dürfen?

Innerlich kämpfen viele Ausländer fremder Kulturen gegen den Deutschen Staat. Dies erklärt auch, warum sich viele kaum Mühe geben, einen tiefen Einblick in die deutsche Kultur zu gewinnen. Trotzdem werden sie vom Deutschen Staat finanziell unterstützt. Das hat unter anderem zur Folge, dass die Mehrheit dieser ausländischen Kinder so schlecht in der Schule ist. Die Statistik hat gezeigt, dass diese Ausländer in der Schule das Schlusslicht bilden.

Es gibt sicherlich auch erfolgreiche Ausländer, zum Glück. Während meiner Schulzeit auf einem bayerischen Gymnasium waren in unserem Schulorchester zwei Brüder türkischer Abstammung, die Geige und Kontrabass spielten. Diese Ausnahme gibt es äußerst selten bei Ausländern von anderen Kulturen.
Auch hatte ich die Möglichkeit, mit vielen Verkäufern türkischer Abstammung in Elektromärkten länger zu

sprechen. Diese Herzlichkeit und Hilfsbereitschaft der türkischen Verkäufer waren vorbildlich und übertreffen sogar das Verhalten vieler Deutschen.

Ein Beispiel für die „innerliche Verweigerung“ der Integration: Obwohl diese Menschen aus fremden Kulturen im Grunde genommen auch freundlich und fleißig sein können (wenn sie es nur wollen), geht die Mehrheit dieser ausländischen Kinder nur auf die einfachste Hauptschule oder sie brechen ihre Schulzeit ohne Abschluss ab. Viele von ihnen kennen nur Gewalt, Zerstörung („Das-gehört-ja-nicht-mir-Einstellung“, leider auch bei vielen Deutschen) und natürlich die Verweigerung. Hier können wir den Eindruck bekommen, als ob diese vielen ausländischen Kinder innerlich gegen die deutsche Erziehung und Kultur ankämpfen würden.

Kann es sein, dass die falsche Einstellung und die falsche Erziehung hier versagt haben?
Hat diese Verweigerung der Menschen mit ihrem Stolz auf Ursprung oder Religion zu tun?
Diese Kinder sind sonst auch nicht schlechter als die anderen.

Warum weigern sich die meisten Ausländer fremder Kulturen innerlich, in der deutschen Kultur mit den deutschen Sitten und Bräuchen zu leben?

Die Integration geht hier nur ganz langsam voran, wenn überhaupt.

Fremde Kulturen haben auch Stärken

Eigentlich haben diese fremden Kulturen auch Herzliches zu bieten, was man in unserer deutschen Kultur immer mehr vermisst:
So können die Menschen z.B. aus der Türkei oder aus Vietnam füreinander schwitzen und kämpfen. Sie halten zueinander in guten wie in schlechten Zeiten und opfern sich füreinander (= sie kämpfen und sterben für ihre Familie).
Diesen bedingungslosen Zusammenhalt gibt es leider nicht mehr in unserer deutschen Kultur, weil wir viel zu egoistisch geworden sind. (Geld verdirbt den Charakter = Wohlstand)
Von dieser schönen Eigenschaft der vielen Fremden sollten wir Deutsche uns eine Scheibe abschneiden! Nein, nicht nur eine Scheibe, sondern mehrere!

Diese schöne Tatsache zeigt uns, dass die Ausländer fremder Kulturen auch anders können, wenn sie es nur wollen. Sie brauchen einfach nur Druck von uns.

Es sollte uns immer bewusst werden, dass wir, (die) Deutschen, auch von den fremden Kulturen noch etwas lernen können und sollen!
Es kommt nur davon, weil wir in der westlichen Welt unbewusst die vielen menschlichen Grenzen überschritten haben, was wir aber nicht hätten tun dürfen.

Jeder Mensch darf so leben wie er mag

Wir gehen jetzt weiter mit der Ausländer-Problematik:
Als ich am Anfang der 80er Jahre nach Deutschland kam, wurde ich von den deutschen Bürgern meistens gut behandelt. Ich stellte damals fest, dass auch ich meinen Beitrag zur Gesellschaft leisten musste, damit wir alle miteinander in Frieden leben konnten. Ich mochte diesen Spruch besonders gerne:
„Wie man in den Wald ruft, so schallt es heraus."

Leider kennen die meisten Ausländer verschiedener Nationen diesen Satz nicht. So dürfen sehr viele von ihnen undankbar, rücksichtslos, frech, unehrlich etc. bleiben. Sehr schade!

Gerne möchte ich Deutschland etwas zurückgeben, weil ich diesem Land viel zu verdanken habe.
Gerne möchte ich der deutschen Regierung bei den „Ausländerproblemen" beistehen, weil ich viele Kulturen gut kenne und in ihnen zuhause war.

Können wir die Probleme wirklich verstehen?

In der Psychologie wird gelehrt, dass wir nur unser Problem verstehen, wenn wir außerhalb der Sache stehen können (als Externer). Das heißt, nur von draußen können wir einen Überblick über unser Problem erlangen, um es anschließend lösen zu können.
Das ist der Grund, warum die meisten deutschen Bürger die vielen Probleme nicht verstehen können, weil diese Menschen sich mitten in den Problemen befinden.

So danke ich dem lieben Gott, dass er mir zwei unterschiedliche Kulturen geschenkt hat.

Wenn ich Probleme mit der einen Kultur A) habe, versetze ich mich in die andere Kultur B), um aus der Kultur B) heraus mir ein genaues Bild von der Kultur A) zu machen.
Leider haben die meisten Menschen diese Möglichkeit nicht. Daher können sie die Ursache der Probleme gar nicht verstehen.

Möglicherweise ist es von Vorteil, wenn Deutschland Menschen (wie mich) hat, die neutral und unabhängig die Probleme darstellen. Das Schild „Du Nazi" hat für mich keine Wirkung, aber leider für die gebürtigen Deutschen. Vielleicht hören diese Ausländer auf mich, weil sie denken, dass ich für die Ausländer spreche. Was ich möchte, ist nichts Anderes als Dankbarkeit, gutes Benehmen, Höflichkeit, Ehrlichkeit, Rücksicht aufeinander nehmen etc. eben die Werte, die die meisten Menschen kaum noch kennen.
Dankbar müssen die Fremden sein, die in Deutschland und in Europa leben, denn hier können die Menschen die hohe deutsche Kultur kennenlernen!

Muslime zuerst, dann Andere?

Eine berechtige Frage?

Ein weiteres Beispiel:
Im Jahr 2009 sah ich vormittags im Fernsehen eine Sendung auf ARTE (Kultursender) „Eine Reise nach Mekka". (Mekka liegt in Saudi-Arabien und ist der heiligste Ort der Muslime.)
Ich sah, wie man mit dem Bus/Auto auf der Autobahn in Saudi-Arabien nach Mekka fährt. Die Fahrtrichtung hatte

drei Spuren und die Schilder standen (an bestimmten Tagen) in der arabischen und in der englischen Sprache:
1. auf der linken Spur stand „Nur für Muslime“.
2. auf der mittleren Spur „Für Busse und Transportfahrzeuge“
3. auf der rechten Spur „Für Nicht-Muslime“

Warum kommt kein Gelehrter des Islams auf die Idee mit der Gleichheit für alle? Ist es so etwa gerecht? Sollen wir deswegen lieber schweigen?
Wie wäre es, wenn die Deutschen auch das Gleiche mit uns Ausländern machen würden? Dass wir Ausländer (Nicht-Christen) nur noch auf der rechten Fahrbahn fahren dürfen? Die linke Fahrbahn bleibt für uns tabu? Fühlen wir uns dann nicht schlecht behandelt? Es ist mir bewusst, dass alle Politiker nicht offen über dieses Problem sprechen können. Die vielen gedankenlosen, ängstlichen und ahnungslosen Menschen würden ihre Partei nicht mehr wählen. Schade. Haben wir aber wirklich keine andere Möglichkeit, den Menschen die Augen zu öffnen?

Warum keine Lösung in Sicht?

Wie können wir dieses schwierige Problem mit den Ausländern lösen? Die vielen Diskussionen über dieses Problem, die fast wöchentlich im Fernsehen zu sehen sind, führen zu keinem sinnvollen Ergebnis.
Vielmehr müssen wir die Gesetze ändern, aber unser Staat ist dazu nicht in der Lage, aus welchem Grund auch immer.
Wir müssen den Menschen in diesem Land bzw. allen Menschen auf der ganzen Welt klar machen, dass der

Mensch nicht nur Rechte sondern auch Pflichten, beispielsweise für Werte hat.
Nur so können wir ansatzweise das Ziel „Gerechtigkeit, Rücksicht aufeinander, Dankbarkeit, Fairness etc.“ erreichen.

Denkweise der meisten Einwanderer

Nun möchte ich Ihnen ein Bild über die vielen Einwanderer fremder Kulturen darstellen: Deutschland sei ein Haus, indem wir alle wohnen. Viele Menschen auf der ganzen Welt möchten auch in diesem Haus sein, weil es hier genug zum Essen und sehr viele Freiheiten gibt. Außerdem hat man in diesem Haus Rechte, aber kaum Pflichten. Das ist natürlich gut für die Fremden, weil sie sich nicht um dieses Haus kümmern müssen. „Das ist die Aufgabe der naiven Deutschen! Schließlich ist es ihr Haus und nicht unser Haus!“ denken die meisten Einwanderer.
Viele Fremde versuchen sogar, auf lange Sicht die Deutschen aus ihrem Haus zu vertreiben. Davon nimmt aber kaum jemand in Deutschland Notiz. Wie blind sind die meisten Menschen in unserem Lande? (Blindheit ist hier die Folge aus Egoismus und Orientierungslosigkeit.)

Die deutschen Gesetze geben den Menschen zu viele Rechte, so dass selbst die deutsche Polizei dem Bösen machtlos gegenüberstehen muss. Den Politikern und den Polizisten sind aber die Hände gebunden und sie können so gar nichts tun.
Die vielen Fremden machen sich immer wieder lustig über die „naiven“ deutschen Gesetze.

Wie traurig ist dieses Bild? Fremde kommen in unser Haus und machen sich lustig über unsere „naiven Gesetze der Demokratie" und die Fremden haben sogar Recht. Wollen wir etwas ändern? Können wir etwas erreichen? Gar nichts. Leider! Solange wir immer noch die aktuellen Gesetze haben, schneiden wir uns immer mehr ins eigene Fleisch!

Da wir in Deutschland aber keine Gesetze für die Pflichten haben, machen wir uns selbst das Leben schwer mit unserer lückenhaften Demokratie. Schließlich hat unsere Demokratie auch eine dunkle Seite! Wollen wir endlich einmal dieses Problem angehen?

Sind wir daran nicht selbst schuld?

Die Religion

Unsere christliche Kirche spricht oft von der „Liebe Gottes", die uns rettet, wenn wir daran glauben und danach leben. Wissen die Menschen auch, wie es geht? Wir haben schließlich von Geburt an bis zum Tod Zeit, den Weg zu Gott zu finden.

Zwischen uns Menschen auf Erden und dem lieben Gott ist ein weiter Weg. Die meisten Menschen wissen nicht, wie sie zu ihrem Endziel (Gott, Liebe und Erlösung) kommen. Daher brauchen die Menschen *„Nahziele",* an denen sie sich orientieren können. Diese Nahziele dienen als Stützen oder als Aufgaben, die jeder Mensch täglich erfüllen muss.
Die „Nahziele" bestehen z.B. aus Dankbarkeit, Ehrfurcht vor dem Schöpfer und vor der Schöpfung, Rücksicht aufeinander, Ehrlichkeit usw. Es sind Werte, die die meisten Menschen nicht (mehr) kennen, weil diese Werte gar nicht richtig zur Aussprache kommen.

Liebe als Rettung der Welt? Absurd! Was ist Liebe? Sex?

Seit Jahrzehnten sprechen wir fast nur noch von dieser Liebe Gottes, die uns rettet. Aber die Menschen werden immer kranker und orientierungsloser.
Daher habe ich mir Gedanken gemacht, wie wir dieses große Problem in den Griff bekommen können. Ich bin dabei auf Sachen gestoßen, bei denen das Beten allein gar nichts hilft, selbst wenn wir 100 Mal am Tag beten.

Die Lösung lautet:
Wir Menschen müssen endlich unsere Probleme anpacken und dafür schwitzen. Wir sind doch alle selbst schuld, dass wir unsere schöne Welt durch Habgier, Egoismus, Gedankenlosigkeit etc. zerstört haben.
Weil wir Menschen aber schwach sind, müssen wir Gott täglich um Kraft und Beistand bitten.

Eine blinde Kirche, die die Fehler und Sünden der Menschen übersieht?

Wir Menschen haben das Gefühl, als ob unsere geliebte Kirche dies sagen würde: „Sündige nur ruhig weiter. Der liebe Gott wird dir schon verzeihen! Gott ist ja die Liebe!“
Wie krank ist denn diese Einstellung? Ist niemand in der Kirche fähig, die vielen Fehler und Sünden der Menschen zu sehen?

Nur Worte aber keine Taten

Eine wichtige Sache übersieht die Kirche immer wieder:
Sie betet für den Weltfrieden, den es nie geben kann, weil der Mensch auch die schlechte Seite hat, die den Weltfrieden zerstört.
Abgesehen davon ist auch das Beten allein nutzlos, weil wir dadurch nichts erreichen können. Wir brauchen hier Taten und nicht bloße Worte. Und genau hier verstecken sich die meisten Menschen. Dafür feiern die Menschen regelmäßig Feste nach dem Motto „Friede, Freude,

Eierkuchen“. Das ist doch viel schöner als „Schwitzen für die Weltrettung“.

Menschen ohne Religion

Es gibt viele Menschen, die auch ihr Leben ohne Religion führen. Für viele Menschen gelten nur Fakten und Beweise. Es gibt ja keine Beweise, dass Gott existiert. Andere Menschen jedoch wollen nur Geld, Party, Sex, Drogen etc. Die Religion spielt keine große Rolle für diese Menschen. Dafür haben sie sich neue „Ersatzreligionen“ geschaffen wie Fußball, Rockkonzerte etc. *Diese Menschen brauchen keinen Gott, weil es ihnen viel zu gut geht.*

Menschen mit Religion

Andere Menschen aber nehmen die Religion viel zu ernst, so dass sie ihr ganzes Leben für die Religion hergeben möchten. Außerdem sind viele Lehrsätze und Geschichten in den Gebetsbüchern absurd und nicht mehr zeitgemäß. Das kommt in allen Religionen vor. Sollen wir uns immer noch an dieser absurden Lehre festklammern, weil irgendjemand vor vielen Jahren irgendetwas gesagt hat, wie z.B. „Macht euch die Welt untertan“? Ist dadurch die Zerstörung der Welt von der Religion erlaubt? Ist der Mensch nicht arrogant?

Meine Kindheit in Vietnam als Beispiel für christliches Leben

In der Minderheit wurde ich von meinen Eltern in Vietnam streng katholisch erzogen. Selbst im Alter von

nur 9 Jahren mussten die Kinder jeden Tag in die Kirche gehen, „weil wir sonst das Himmelreich nicht erreichen können."
Im Jahre 1981 wurde ich Ministrant und später sogar zum „Chefministrant" ernannt. Die katholische Kirche war mein Zuhause dank der süd- europäischen Missionare, die im 17. Jahrhundert das Christentum nach Vietnam brachten.
Im Jahr 1981 floh ich aus dem kommunistischen Vietnam und wurde von dem deutsch-französischen Schiff „Cap Anamur" gerettet, das uns Flüchtlinge auf die Philippinen brachte. Dort besuchte ich jeden Tag den Unterricht der Katholischen Lehre. Es fiel mir leicht, die Lehren von Jesus im Neuen Testament auswendig zu lernen.
Kurz später war ich auch für eine kurze Zeit Ministrant in meiner neuen Heimat Deutschland. Im erwachsenen Alter studierte ich zwei Jahre die Kirchenmusik: Orgelmusik und die dazu gehörige Liturgie. Gerne singe ich bei den Gottesdiensten mit, weil Musik meine Welt ist.

Der Glaube als Stütze im Alltag

Im Laufe der Zeit stellte ich mir Fragen, was die Religion für mich bedeutet; ob die Religion auch gut für meinen Alltag ist. Ich bin auf diese Gedanken gekommen:

Der Glaube ist eine wichtige Unterstützung für das tägliche Leben, in dem wir im Beten zur Ruhe kommen können. Gerade in der Ruhe liegt ja die Kraft, die wir im Alltag für unser Leben brauchen. Hinzu brauchen wir die Hoffnung für unsere Zukunft.

Wir erfahren auch durch den Glauben, dass nicht der Mensch ein kleiner Gott auf Erden ist, der die Welt bestimmen und zerstören darf. Es gibt über ihm eine Macht, die wir so nicht sehen können. Der Glaube soll uns dabei helfen, um uns eine Vorstellung über diese „unsichtbare Macht" zu machen (leider wird der Mensch zu oft verherrlicht = gottgleich).

Aber der Glaube mit der Religion ist nur ein kleiner Teil vom Leben. Der andere größere Teil ist, was wir aus unserem Leben machen (Praxis ist viel schwieriger als die Theorie).

Natürlich können wir gut ohne Gott und Religion leben, weil es ja keine Beweise für die Existenz Gottes gibt. Die Wahrscheinlichkeit, dass es Gott gibt, beträgt nur 50 %.
Das Leben ist nun einmal ein Geheimnis, so auch der Glaube.
Aber mit dem festen Glauben an das Gute oder an die gute Zukunft lässt es sich viel leichter leben. Schließlich braucht jeder Mensch eine gewisse Hoffnung für das Leben.
Außerdem vermittelt jede seriöse Religion (aber welche?) Werte wie Nächstenliebe, Dankbarkeit oder Rücksicht aufeinander etc., die jeder Mensch kennen und ausleben muss.
Nur so können die Menschen etwas zum Weltfrieden beitragen und auch wenn wir Menschen dieses Endziel „Weltfrieden" niemals erreichen können.
Nicht zuletzt ist die Gemeinschaft in einer Religion lebensnotwendig, damit der Mensch dadurch lernt, als Teil der Gesellschaft in einem geregelten Jahreskreisablauf zu leben.

Fehlt dieses Denken, wachsen auch nur der Egoismus und die Orientierungslosigkeit der Menschen.

Religion auch als Fluch

Ein anderes Problem.
Viele Religionen versuchen, die Gläubigen dumm zu halten, damit diese Menschen nicht über die vielen Fehler und Lücken ihrer Religion nachdenken müssen und dürfen.
Darf in der Glaubensfreiheit jeder Mensch so dumm sein wie er mag? Wozu brauchen wir diese Freiheit? Kann uns auch eine Religion in die Irre führen? Machen sich die Religionen viel wichtiger als sie sind, weil die Religion eine zu große Bedeutung im Leben hat?

Werteverständnis hat nur bedingt etwas mit Religion zu tun.

Die großen Religionen vermitteln zwar Werte, aber gleichzeitig vergöttlichen sie auch die Menschheit (= „Mensch als Ebenbild Gottes"). Daher gehen Werte im Rausch der Habgier und Machtsucht der Religion verloren.

Abschluss des 1. Briefes

Sehr geehrte Leser,

mit diesen vielen Zeilen möchte ich Ihnen darstellen, wie schwierig das Leben eigentlich für uns Menschen ist, wenn wir wirklich die menschlichen Aufgaben erfüllen möchten.

Es ist jetzt endlich an der Zeit, dass wir Menschen uns um unsere schöne Welt kümmern müssen. Bis jetzt haben wir in erster Linie nur an unsere Vorteile gedacht, indem wir die Umwelt ausgebeutet haben. Heute müssen wir aber der Natur viel zurückgeben, das was wir nämlich Jahrtausende lang geraubt haben.
Nur so können wir in Harmonie mit der Umwelt und mit uns selbst leben!

Erst seit ca. zwei Millionen Jahren gibt es den Menschen, der zu den jüngsten Lebewesen dieses Planeten gehört. Schon in dieser kurzen Zeit ist der Mensch in der Lage, unsere schöne Welt auszubeuten und so zu zerstören, dass bald nichts Brauchbares mehr bleibt.
Die Tiere und Pflanzen haben zum Glück nicht diese schlechte Eigenschaft der Menschen.
Diese Erkenntnis macht mich sehr traurig, so dass ich mich schäme, ein Mensch zu sein!
Schließlich ist die Menschheit eine tickende Zeitbombe für unsere Welt.

Was ist mit den mächtigen Medien wie Zeitung, Fernsehen und Rundfunk?

Dürfen die Menschen verantwortungslos berichten, kommentieren und oft nur die halbe Wahrheit ans Licht bringen?
Haben nicht auch diese Menschen von den Medien die Pflicht, unsere schöne und kostbare Welt zu schützen, indem sie z.B. beim Kampf gegen das Böse bzw. das Schlechte mitanpacken?
Auch das ist eine Aufgabe der mächtigen Medien!

Ich liebe unser Deutschland und unser Europa. Deswegen möchte ich nicht tatenlos zusehen, wie unsere hohe europäische Kultur und der Rest der Welt untergehen.
Wir alle gehen aber bereits in vielerlei Hinsicht unserem Untergang entgegen. Leider!
Gerne möchte ich meinen Beitrag zum Erhalt Europas und der Welt leisten.
Auch dass die Menschen unsere schöne Welt nicht gedankenlos zerstören.
Der liebe Gott hat uns diese Welt geschenkt.
Müssen wir dafür dankbar sein?
Gehört „Dankbarkeit“ zu unseren Pflichten?

Es grüßt Sie herzlich

Peter Long Thu Bui

München, 17.05.2010

2. Brief

Sehr geehrte Leser,

im ersten Brief wollte ich das allgemeine Thema *"der Mensch und seine Aufgaben"* ansprechen, das wir alle genauer untersuchen sollen.
Meine Absicht war, unserer „kranken" Wohlstandsgesellschaft in vielen wichtigen Lebensbereichen Denkimpulse zu geben.

Leider wird es nicht viel helfen, weil die Menschen die Bequemlichkeit bevorzugen, anstatt die Korrektur ihrer Fehler vorzunehmen und dafür sich anzustrengen. Außerdem haben wir in unserer Demokratie ja das Recht, bei den Problemen wegzusehen und davonzulaufen. Das ist traurig aber wahr. Leider. Es gibt keine Pflichten für Werte sondern nur Rechte. Schade.

Da ich aber noch ein Niemand in dieser Welt bin, spielt meine Aktion „Weltrettung" keine besondere Rolle. Ist meine jahrelange Anstrengung wirklich umsonst?

Wie Sie bereits in meinem letzten Brief erfahren haben, führe ich seit dem Jahr 1983 ein Tagebuch, für das ich mir täglich Zeit nehme, um das Erlebte reflektieren zu lassen. Ich danke Gott auch für die schlechten Erfahrungen und für die harten Zeiten, aus denen ich viel gelernt habe.
Meine Aktion „Weltrettung" hat bereits im Jahr 2002 angefangen. Diese Kampagne ist also keine spontane Idee sondern beruht auf einem langjährigen Nachdenken seit dem Jahr 1983 und vor allem <u>auf einem genauen Hinsehen</u>.

Meine Aktion für mehr Fairness und Höflichkeit

Seit dem Jahr 2002 war es mir ein großes Anliegen, den Menschen in der Öffentlichkeit das „richtige Verhalten" zu zeigen. Daher habe ich immer wieder die Leute z.B. in der U-Bahn hier in München gebeten, die Musik leiser zu drehen, wenn diese Menschen zu laut Musik hörten. Diese Lautstärke war so unangenehm, weil es aus den Lautsprechern dröhnte. Viele Menschen hörten sogar Musik ohne Kopfhörer, so dass alle Mitbürger die Musik in der U-Bahn mit anhören mussten.

Ich habe festgestellt, dass die Reaktion der Menschen auf meine Bitte „Können Sie bitte die Musik leiser drehen?" unterschiedlich ausfällt. Es hat mit der Herkunft der Menschen zu tun.
Die meisten gebürtigen Deutschen drehten die Musik leiser, wenn auch nur zähneknirschend, nachdem ich sie darum gebeten hatte.

Die Mehrheit der Ausländer jedoch beschimpfte mich mit „Du blöder Chinese" oder „Geh doch weg, wenn es dir nicht passt!"

Das gleiche Problem habe ich auch, wenn die Menschen in der U-Bahn rauchen, obwohl da striktes Rauchverbot herrscht.
Die Polizei kann nicht überall zum Bewachen der Gesetze sein. Leider trauen sich die meisten Menschen nicht, diese „Übeltäter" auf das strikte Rauchverbot hinzuweisen.

Meine Freunde waren des Öfteren verärgert über mich, weil ich selbst in unseren schönsten Momenten immer noch die Mitmenschen in der U-Bahn um ein rücksichtsvolles Verhalten bat. Sätze von den ausländischen Übeltätern wie „Was willst du? Ich haue dich gleich!“ haben unseren schönen Abend verdorben. Meine Leute wollten einen schönen und ruhigen Abend mit mir verbringen und keine Auseinandersetzung mit rücksichtslosen Menschen. Für meine Leute ist es besser, hier wegzusehen, um in Frieden leben zu können.
Aber wir können doch keine Probleme lösen, wenn wir den „gedankenlosen“ Menschen das Recht geben, sich breit zu machen, damit sie ihre „Dummheit“ verbreiten dürfen!
Ich habe meine Freunde um Verständnis gebeten: „Aber schau mal, wenn ich es nicht tue, wer macht es denn? Niemand! Und von allein ändert sich ja niemand freiwillig!“

Meine Briefe an Politiker und an Geistliche

Seit Februar 2008 schreibe ich Briefe an prominente Personen, die ich auch im Fernsehen gesehen habe. Es waren katholische Bischöfe, Kardinäle, Priester und Theologen, die am Samstagabend im ersten Programm ARD das „Wort zum Sonntag“ sprachen und wichtige Politiker der deutschen Regierung.
Einige Menschen (auch Ministerpräsidenten der Bundesländer) hatten den Mut, mir etwas zurückzuschreiben. Sie gingen vage auf nur ein Thema ein, obwohl ich viele Themen in meinem Brief ansprach.

Nach meinem zweiten Brief hörte ich aber nichts mehr von ihnen. Warum vertragen diese Menschen keine Wahrheit? Warum laufen sie immer davon?

Auch seit dem Jahr 2002 habe ich große Probleme, seitdem ich das Ziel hatte, die „Welt zu ändern".
Ich habe eine Ausbildung im Jahr 2005 zum „Akupunkteur" in der Chinesischen Medizin angefangen, weil ich als Pianist Gefühle in den Fingern habe. Aber diese Ausbildung kann ich nicht abschließen, weil ich keinen klaren Kopf zum Lernen habe. Meine Gedanken drehen sich den ganzen Tag und das ganze Jahr lang nur um die „Weltrettung".
Genauso war es mit meiner Ausbildung in der Kirchenmusik. Ich hätte gerne weiter Orgel gelernt, aber die Konzentration ließ mich immer wieder im Stich, so dass ich dieses wertvolle Fach nach nur knapp zwei Jahren aufgeben musste.

Meine Berufung

Meine Berufung eigentlich schon seit der Kindheit

Meine innere Stimme teilte mir im Jahr 2002 mit, dass es meine Aufgabe sei, den Menschen „die Augen zu öffnen!" Es ist wie eine Art „*Berufung*" für mich.
Ich muss es tun, weil leider niemand das Potenzial hat, den Menschen diese Probleme zu zeigen und vor allem die Ursachen für das Scheitern des menschlichen Lebens zu erkennen. Ich war und bin immer noch bereit, mit all meiner ganzen Kraft für diese Weltrettung zu kämpfen. So traurig wie es klingen mag, so fest ist mein Entschluss.

Der Preis meiner Berufung

Seit <u>Beginn meiner Briefaktion im Jahr 2008</u> habe ich auch gesundheitliche Probleme.
Ich kann nachts nicht gut schlafen und habe große Probleme mit der Verdauung. Tagsüber bin ich durch den Schlafmangel sehr müde. Meine Verdauung macht mir das Leben schwer.
Wenn ich ständig nur an das Schlechte bzw. an die Probleme denke, schlägt es auch auf den Magen. Ich habe oft tagelang Bauchschmerzen. Und Probleme haben wir viel zu viele in unserer unübersichtlichen Welt.
Mit dem Marathonlaufen von 42,2 km ist es jetzt auch leider vorbei. Ich habe dafür keine Kraft mehr, weil diese Weltrettungsaktion mir meine ganze Energie geraubt hat. Mein letzter Marathon war im Jahr 2007, den ich nur mit letzter Kraft geschafft habe.

Ich zahle einen sehr hohen Preis für meine „Berufung".
Ich war immer wieder resigniert, weil niemand auf meine Worte hören wollte. Ich ärgere mich so sehr über die Menschen, die vor den Problemen weggelaufen sind.

Liebe nur als ungenauer Begriff

Ein bekannter Pfarrer von München-Schwabing (nördlicher Stadtteil von München) meint, ich sei ein Prophet.
Nein, ich habe doch nichts Göttliches in mir. Ich kenne nur die Probleme der Menschen, von denen niemand spricht. Leider leben die meisten Menschen nur vor sich

hin und denken gar nicht über das Leben und die Aufgaben nach, die das Leben an uns stellt.
Die Kirche hüllt sich in Schweigen und Ahnungslosigkeit.

Ich stelle ganz traurig fest, dass dieser Priester meine Worte nicht richtig verstanden hat. Er spricht in seiner Predigt immer noch „von der Liebe Gottes, die uns rettet, wenn wir daran glauben und danach leben."
Was ist eigentlich Liebe? Ist das nicht ein vager Begriff?
Gehören Dankbarkeit, Rücksicht auf einander, Fairness, Ehrlichkeit, Treue... nicht zur Liebe?
Warum erwähnt er diese wichtigen Begriffe nicht?
Viele orientierungslose und gedankenlose Menschen verwechseln Sex mit Liebe.
Schließlich ist man sich beim Sex sehr nahe. Ist diese Art von Nähe ein Trugschluss?
Wie weltfremd ist unsere christliche Kirche geworden? Haben die vielen Freiheiten ohne Grenzen auch unsere christliche Kirche orientierungslos und blind gemacht?

In unserer christlichen Kirche ist das Verzeihen wichtig für das tägliche Leben.
Aber warum sagt der Priester nicht, dass wir etwas aus den Fehlern lernen sollen? Dass wir diese Fehler nicht wiederholen sollen?
Da der Priester meistens nichts von der Vermeidung der gemachten Fehler erwähnt, wiederholen die Menschen immer wieder ihre Fehler, z.B. Untreue, Unehrlichkeit, Gier, Faulheit...
„Der liebe Gott wird mir schon verzeihen!" denken sich viele Menschen.
So denken aber viele orientierungslose Menschen in unserer kranken Gesellschaft!

Leider hat meine geliebte katholische Kirche in der westlichen Welt sehr viele weltfremde bzw. realitätsfremde und schwache Priester und Bischöfe in ihren Reihen.
Soll die Kirche nicht auch ihren Beitrag zum Umweltschutz oder zur Weltrettung leisten?
Oder darf auch meine Kirche wie der Rest der Welt bei den Problemen einfach wegsehen?
Ob das Beten allein auch diese Probleme lösen kann?
Wie naiv, realitätsfremd und faul kann der Mensch sein?

Reife durch Volljährigkeit?

Die folgende Aussage ist nicht richtig, weil sie unreif und gedankenlos ist:
„Er ist jetzt 18 Jahre alt. Er ist jetzt erwachsen und muss wissen, was er tut!"
Nein, selbst mit 40, 50 oder mit 60 Jahren wissen viele Menschen nicht, was gut oder schlecht ist, weil sie in ihrem Leben keine Orientierung haben und deswegen einsam sind.
Reife erlangen wir nur durch Lebenserfahrungen, aber nicht allein durch das Alter und vor allem nicht durch Vergnügung.

Vietnam als Beispiel für Habgier in Süd-Ost-Asien

Nun möchte ich Ihnen etwas mehr von Vietnam, dem Land wo ich bis zum Jahr 1981 gelebt habe, erzählen.
Meine leiblichen vietnamesischen Eltern haben sechs Söhne. Ich bin der Zweitälteste von diesen sechs Söhnen. Der älteste Bruder ist ein Jahr älter als ich. Da ich aber ein Jahr in der Grundschule übersprungen hatte (= ein Schuljahr weggelassen), war ich bereits in der Grundschule in der Parallelklasse von meinem großen Bruder, der gleichzeitig mein bester Freund war.
Mein Vater war Soldat (wie alle anderen Männer von Südvietnam) in der südvietnamesischen Armee, die auf der Seite der U.S.A. kämpfte, gegen den gemeinsamen Feind von Nordvietnam und gegen die südvietnamesischen Widerstandskämpfer, die Vietcongs. Die Vietcongs (=Volksarmee) von Süd- und Nordvietnam gewannen am 30.04.1975 endgültig diesen Krieg und machten danach den Soldaten der südvietnamesischen Armee das Leben zur Hölle (Rachementalität). Das Leben in Südostasien hat nicht den hohen Stellenwert wie bei uns in der westlichen Welt. So mussten viele südvietnamesische Offiziere sterben oder sie wurden in „Umerziehungslager“ gebracht. Man hat meinem Vater nur sein Hab und Gut weggenommen, weil er in den Augen der Kommunisten ein böser Kapitalist war. Zwar war mein Vater nicht im Umerziehungslager, aber er wurde willkürlich von den neuen Machthabern behandelt.

Menschenpflicht ist wichtig auch schon in der Kindheit

Da mein älterer Bruder und ich die Ältesten der Kinder waren, mussten wir schon im Alter von 10 und 9 Jahren meinem Vater bei seiner Arbeit mithelfen, damit wir genug Geld für unsere Familie hatten.
Eine Zeit lang hatten wir eine große Maschine, die Eis produzierte. Mein Vater weckte uns, die großen zwei Kinder, um Mitternacht auf, um die großen Portionen Eis in eine große Truhe zu stellen, was ca. 30 Minuten dauerte. Gegen 7 Uhr morgens verrichteten wir wieder die gleiche Arbeit. Danach mussten wir Kinder mit dem Fahrrad diese Eisportionen zum Händler bringen.
Der Schulunterricht fand erst nachmittags in der Schule statt.

In den Augen unserer deutschen Bürger ist das eine schlimme Kinderarbeit, die verboten werden muss.
Aber es macht den meisten vietnamesischen Kindern nichts aus, weil sie <u>vor allem mit ihren lebensnotwendigen Pflichten leben</u>. Diese vietnamesischen Kinder haben gelernt, dass es für sie Pflicht ist, für die Familie zu kämpfen und zu schwitzen. Außerdem sind die Kinder stolz auf ihr Mitwirken, weil sie dadurch auch gelernt haben, was es bedeutet, Verantwortung zu übernehmen und sich für die Familie zu opfern.

Konflikt zwischen Nord- und Süd-Vietnam

Es gelang mir im Jahr 1981, aus dem kommunistischen Vietnam zu fliehen. Ich war allein ohne meine mir wichtige Familie und wurde von den Mitflüchtlingen nicht immer gut behandelt, weil ich einen leichten Akzent von Nordvietnam sprach. (Meine Mutter war die älteste Tochter einer Großgrundbesitzerfamilie von Nordvietnam. Nord- und Südvietnam mochten sich nicht). Ich kann mich gut an die vielen Abende im Flüchtlingslager auf den Philippinen erinnern. Ich war allein und schaute mir die Sterne an und weinte. „Lieber Gott, gib mir bitte Kraft und Geduld, damit ich diese harte Zeit überstehe!" Ich glaubte fest daran, dass der liebe Gott mir beistand, so hart wie es auch für mich war.

Bereits in diesem Flüchtlingslager hatten viele Vietnamesen immer zu mir gesagt, dass ich anders war als die Anderen. Ich interessierte mich sehr für das Leben miteinander und für die zwischenmenschlichen Beziehungen, was in dem jungen Alter noch nicht üblich war. Auch fiel es mir leicht, neue Sachen zu lernen. Daraufhin hat man gemeint, mein Gedächtnis sei mein Kapital!

Die Europäer, die auch im Flüchtlingslager für die Armen arbeiteten, mochten mich besonders gerne, weil ich weltoffen auf die Fremden zuging. Durch die liebevolle Art der Europäer bekam ich in diesem Lager das Gefühl, dass die Europäer mich besser verstehen als die eigenen Vietnamesen. So fühlte ich mich auch mehr zu den Europäern hingezogen.

Ich breche die Tradition

Im Jahr 1984 kam meine leibliche vietnamesische Familie (ein paar Jahre später als ich) nach Deutschland. Es liegt in der Natur, dass die vietnamesischen Kinder die deutsche Familie verlassen und zurück zu der eigenen Familie kehren. Bei mir jedoch war es anders:
Ich bin bei meiner deutschen Pflegefamilie geblieben und nicht wie erwartet zu meiner vietnamesischen Familie zurückgekehrt. So etwas hat es in der vietnamesischen Welt nicht gegeben.

Nur durch diese Lebenserfahrung habe ich gelernt, anders und tiefer zu denken als die meisten Vietnamesen.
Ich habe den Mut zu erzählen, dass Vietnam auch eine schlechte Seite hat:
Die meisten Vietnamesen sind in ihrem emotionalen Leben noch unreif (= unehrlich), d.h. sie haben nicht gelernt, ihre Schwächen und Fehler (in der Gefühlswelt) zuzugeben.
Mögen sie es in Europa von einigen ehrlichen Europäern lernen!
Außerdem hat die vietnamesische Kultur nicht das hohe Niveau der deutschen Kultur.
Es gibt auch kein Land in dieser Welt, das dieses hohe Niveau der deutschen Kultur aufweisen kann.

Inzwischen habe ich zwar fast nur deutsche oder europäische Freunde, weil ich ja auch deutsch von meiner gebildeten deutschen Familie erzogen wurde. Aber ein Stück Vietnam ist zum Glück noch in mir, das mein Leben bereichert.

Mit dieser ausführlichen Erzählung über mein Leben in Südostasien, möchte ich mitteilen, dass ich auch diesen Teil der Welt gut kenne.

Das moderne Vietnam im Sumpf des Geldes wie im Westen und überall

Im Jahr 2007 war ich wieder in Vietnam, um meine Großfamilie nach 26 Jahren zu besuchen und um einen Akupunkturkurs in Saigon (=Ho Chi Minh-Stadt) zu machen.
Ich habe dort wieder Sachen gesehen, die ich von damals kannte und die mich immer wieder traurig machte: *Die Macht des Geldes!*

In Südostasien lebt die Mehrheit der Menschen nach der Lehre von Buddha (Lehrmeister aus Indien) und Konfuse (Lehrmeister aus China).
Buddha und Konfuse waren keine Götter, sondern nur große Lehrmeister in der Lebensführung. Das hat zur Folge, dass die Menschen nicht Buddha und Konfuse um Hilfe bitten können, wenn die Menschen in Not geraten. Das erklärt auch, warum die meisten Vietnamesen sagen, dass sie keinen Gott haben, weil sie nach der Lehre von Buddha und nach dem Konfuzianismus leben. (Buddha und Konfuse lebten vor ca. 2500 Jahren.)

Es gibt ein wichtiges Sprichwort im Konfuzianismus:
„Co tien mua tien cung duoc." = Wenn du Geld hast, kannst du dir auch eine Zauberfee kaufen.

(Eine Zauberfee hat in Vietnam die Bedeutung eines göttlichen Engels, der Wunderdinge tut.)

Diese Zeile verdeutlicht die Einstellung der Menschen in Südostasien:
„Nur wenn du Geld hast, kannst du dir alles leisten."

Umweltschutz – ein Fremdwort für die Mehrheit der Süd-Ost-Asiaten

Wir sehen immer wieder im Fernsehen, wie die meisten Südostasiaten (vor allem Chinesen mit Ambitionen auf Weltmacht) rücksichtslos mit der Umwelt umgehen. Sie wollen nur Geld und noch mehr Geld haben. Ihnen ist die Umwelt (Tiere und Pflanzen) völlig gleichgültig. Sie glauben an „das Heilige Geld" und laufen dem lieben Geld mit aller Kraft hinterher.
Natürlich kennen sie die weisen Lehrsätze der alten Meister Buddha und Konfuse. Aber danach leben nur wenige Menschen. Leider. Ich war sehr traurig, als ich es im Jahr 2007 in Vietnam wiedergesehen habe.

Im Urwald von Vietnam lebten bis vor 50 Jahren Tausende Tiger, Elefanten, Nashörner...
Und heute gibt es diese Tiere kaum noch. Einfach schade und traurig.

Gerne möchte ich auch diesen Menschen aus Südostasien zeigen, dass Geld nicht alles im Leben ist. Dass diese schöne Welt nicht nur uns Menschen gehört, sondern auch den vielen Tieren und Pflanzen, die es längst vor uns gegeben hat. Daher ist es auch die Pflicht der Menschen, sie zu schützen! Verantwortungsvoll müssen die Menschen hier handeln!

Aber wo wird es gelehrt? Wissen Sie es? Oder doch nirgends?

Dankbar sollen alle Menschen sein, dass sie hier auf dieser Erde leben dürfen!
„Hört doch endlich auf, uns zu töten. Seid dankbar, dass wir Bäume euch Menschen den Sauerstoff zum Leben geben! Ihr braucht uns, wir euch aber nicht!"
Die Tiere und Pflanzen würden es sagen, wenn sie nur sprechen könnten.

Der Mensch ist zwar ein „besonderes Lebewesen" aber gleichzeitig auch das größte Raubtier, das die Welt durch Egoismus und Habgier zerstört. Deswegen braucht der Mensch die universellen Werte (= Charakterbildung), um seine Grenzen in vielerlei Hinsicht erkennen zu können.

Ich möchte auch diesen Menschen die Augen öffnen

Wenn Sie aus Europa oder aus Amerika den Menschen in Süd-Ost-Asien etwas beibringen möchten, würden die Süd-Ost- Asiaten sofort sagen:
„Ihr Langnasen, lasst uns doch in Ruhe und mischt euch nicht in unsere Angelegenheit ein! Ihr habt uns lange genug in der Kolonialzeit ausgebeutet! Jetzt sind wir aber wer!" (Europäer sind Langnasen)

Ich aber habe das Aussehen einer „Kleinnase" und spreche auch noch die Sprache der „kleinnasigen" Vietnamesen. Möglicherweise hören diese Menschen auf mich, weil ich noch meinen vietnamesischen Namen trage. Mein Ziel ist nur, dass die Menschen doch endlich lernen, unsere Umwelt zu schützen und dass wir mehr an die Werte des Lebens denken und diese Werte leben.

Mit der Ausdauer eines langjährigen Marathonläufers werde ich für unsere schöne Welt bis zur Erschöpfung kämpfen. Schließlich ist die kranke Welt viel wichtiger als mein Leben.

Möge Gott mir viel Kraft und Geduld für diese schwierige Arbeit geben! Mögen Sie alle mich ein Stück auf diesem steinigen Weg begleiten!

Es grüßt Sie herzlich

Ihr Peter Long- Thu Bui

München, 2011 und 2012

3. Brief

Sehr geehrte Leser,

in meinem dritten Brief möchte ich die wichtigsten Punkte zusammenfassen.

Gerne möchte ich Ihnen allen noch einmal ans Herz legen, _dass wir uns jetzt ändern müssen,_ damit wir unseren Untergang verlangsamen können. Es ist bereits zu spät, aber wir müssen jetzt versuchen zu retten, was noch zu retten ist.
Aber wer tut es? (Fast) niemand!

Die vielen Naturkatastrophen sind die Folgen von unserer Umweltzerstörung und sollen uns zeigen, dass wir jetzt die Probleme anpacken und dafür Opfer bringen müssen.

Für diesen Untergang tragen wir selbst die Schuld, weil wir alles zulassen, vor allem das Schlechte im Leben, z.B. Habgier, Machtsucht. Wir Menschen haben die Folgen von Gier und Sucht unterschätzt, die uns jetzt zum Verhängnis geworden sind.
Das lückenhafte demokratische Denken ist die Hauptursache.

Nach dem Mauerfall der DDR (Ost-Deutschland) im Jahr 1989 haben wir den Rest der Welt, vor allem Südostasien, zum Wohlstand, Luxus, Freiheitsdenken etc. verführt.
Die vielen südostasiatischen Länder sind jetzt voll im „Wohlstandsrausch" und wollen ihren Reichtum ohne Rücksicht auf Verluste vermehren. Dabei vergessen

diese Menschen, dass sie ihre Umwelt immer mehr ausbeuten und zerstören. Für Geld tut man ja alles!

Egoismus wichtiger als Umweltschutz

Ist die Vermeidung der Umweltzerstörung nicht so wichtig wie der Schrei nach „Freiheit, Geld und Religion“? Sind es bis jetzt nicht eher Taten wie Tropfen auf dem heißen Stein?

Wie können wir diesen „Wohlstandsrausch“ verhindern? Können wir es?
Diese Menschen aus Asien und wir in der westlichen Welt kennen im Rausch keine Grenzen mehr. Schließlich wollen die Asiaten genauso viel Geld oder sogar mehr haben als wir in der westlichen Welt. Sind wir, der Westen, nicht selbst schuld, dass wir diese fleißigen Asiaten zum Wohlstand animiert haben? Dass wir ständig vom Luxus und von Freiheiten gepredigt haben?
Dient die Demokratie auch der Vergöttlichung der Menschheit und der Zerstörung der Welt, weil der Mensch alles machen bzw. zerstören darf?
Wir haben aus Oberflächlichkeit, Habgier, Faulheit, Egoismus und Gedankenlosigkeit etc. nicht verstanden, dass jeder Mensch auch eine schlechte Seite in seinem Leben besitzt. Zwar ist diese schlechte Seite bei den Menschen unterschiedlich ausgeprägt, aber diese schlechte Seite zerstört nun mal jeden großen Frieden.

Warum ist fast die komplette Welt (mehr als sieben Milliarden Menschen) blind und feige, so dass wir diese schlechte Seite des Menschen *nie* erwähnen und bekämpfen?

Es muss allen Menschen beigebracht werden, dass wir die schlechte Seite des Menschen möglichst klein halten sollen und dass wir diese schlechte Seite niemals fördern dürfen. Außerdem müssen alle Menschen auf der ganzen Welt von Kindesbeinen an lernen, diese schlechte Seite des Lebens zu vermeiden. Daher müssen alle Regierungen dieser Welt dieses wichtige Thema „Die Vermeidung der schlechten Seite des Menschen" als Unterrichtsfach in der Schule einführen.
Charakterbildung als Pflicht für das Mensch-Sein?
Wie sollen wir es aber machen? Haben Sie dafür eine Lösung?

Religionen mit Ihren Lücken

Die vielen Religionen sind da leider auch nicht aufmerksam genug und weisen daher viele Lücken und Fehler auf.
Keine Religion hat begriffen, dass die schlechte Seite des Menschen jeden großen Frieden und auch das Leben der meisten großen Lebewesen zerstört.
Der Mensch und sein Leben werden hier zu sehr verherrlicht. Dadurch unterstützen große Religionen unbewusst die (Um-) Weltzerstörung, also die Arroganz der Menschheit. Leider.
Wir müssen die Menschen wieder zu Lebewesen machen und nicht zu gierigen Kleingöttern.

Mensch im Rausch der Freiheit und des Geldes

Gerade die Menschen mit Macht und Geld befinden sich im Rausch der Freiheit, der Macht und des Geldes, so dass diese Menschen niemals ans Verzichten denken wollen.

Wer möchte freiwillig sein Geld, seine Macht und seine Freiheit hergeben? Niemand! Leider niemand! Es gibt leider nur wenige Ausnahmen in dieser Welt.

Es gibt eine Lösung, die aber nicht realisierbar und deshalb nur ein Traum ist:
Es muss einen lieben und gerechten Herrscher geben, der alle Menschen zum Verzichten und zum vernünftigen Denken etc. zwingt!
Und alle Menschen müssen aber gehorchen, ob sie es wollen oder nicht.
Die Menschen müssen täglich lernen, dankbar zu sein, dass sie hier leben dürfen.
Der Herrscher muss daher die Menschen zu ihrem Glück zwingen.

Leider müssen alle Menschen in unserer Welt zum vernünftigen Denken geführt werden.

Aber wer soll die Menschen führen? Wollen die Menschen geführt werden?
Wollen die Menschen auch vernünftig denken?

Der Begriff „verzichten" ist anscheinend in unserer Welt ein Schimpfwort, das niemand aussprechen kann. Aber ohne „verzichten" können wir nichts zum Guten ändern.
Das Verzichten muss endlich in die Tat umgesetzt werden.
Ohne Druck möchte sich doch niemand ändern.

Aber auch hier sind die Menschen lieber blind und egoistisch als einsichtig.

Wir müssen die Aufmerksamkeit der Menschen umlenken, z.B. von Gedankenlosigkeit, Habgier und Vergnügungssucht hin zu mehr Rücksicht auf einander, Bescheidenheit und Dankbarkeit.

Fragen über Fragen wie Sie sehen, und kein Problem kann gelöst werden.
Alles nur, weil wir Menschen zu feige, faul, gierig, egoistisch, rücksichtslos, undankbar etc. geworden sind. Auch weil wir uns nicht ändern wollen. Schließlich fehlt hier der Druck, der uns zur Veränderung zwingt.

Wie viel Druck braucht der Mensch, damit er sich ändert?

In Resignation,

Ihr Peter Long Thu BUI

PS: Mir fällt noch etwas Schönes ein, schließlich möchte ich mich von Ihnen mit einer „schönen" Hoffnung verabschieden.
Es bleibt zu hoffen, dass möglichst bald die Natur mit ihren vielen großen Naturkatastrophen uns Menschen auf die Knie zwingt, damit wir uns auch ändern.
Man darf ja die Hoffnung niemals aufgeben, oder was denken Sie?

München, August und September 2015

4. Brief

Liebe Leser,

dieser vierte Brief sollte ursprünglich als Extra-Manuskript „Mein letztes großes Werk" erscheinen. Nachdem ich aber weder die Unterstützung meiner Mitmenschen noch selbst die Kraft habe, möchte ich „Mein letztes großes Werk" nur in Kurzform darstellen.

Mensch nur als sterbliches affenähnliches Lebewesen

Wie bereits in meinem ersten Brief erwähnt, sind wir Menschen *nur sterbliche affenähnliche Lebewesen*. Unsere Verwandtschaft mit den Affen dürfen wir also nicht verleugnen, weil unser Genmaterial zu 98 % identisch mit dem der Schimpansen ist.
Betrachten wir heute die Ureinwohner Afrikas oder Australiens, so können wir unsere Verwandtschaft mit den Tieren erkennen.
Die Tiere sind folglich unsere Brüder und Schwestern.

Aber was machen wir mit unseren Brüdern und Schwestern?
Wir töten sie und stehlen ihren Lebensraum.
Als „besonderes Lebewesen" hat der Mensch aber die Pflicht, seine tierischen Brüder und Schwestern zu schützen und nicht zu töten.
<u>Pflicht bedeutet, dass wir es tun müssen, ob es uns passt oder nicht.</u>
Der Mensch muss lernen, diese Erde mit den Tieren und Pflanzen zu teilen, die es längst vor ihm gegeben hat.

Unser Leben besteht eigentlich nur aus Spielen bzw. Spielsystemen

Jetzt möchte ich Ihnen etwas über die Menschheit erzählen. Da wir Menschen weiterentwickelt sind als unsere Brüder und Schwestern, die Schimpansen und deshalb auch senkrecht gehen können, geben wir uns mit einem Leben auf Bäumen nicht zufrieden.
Daher haben wir *Spiele für unsere Beschäftigung* erfunden, die für Ordnung sorgen sollen. Das Hauptwerkzeug ist die Sprache.
Diese Spiele fangen bei der Religion an, gehen über die Schule/ Ausbildung und enden bei der Politik.

Das große Spielsystem Religion

Nehmen wir zunächst das große Spiel „Religion" genauer unter die Lupe.

Die meisten Religionen versuchen, die Menschen mit vagen Versprechungen wie dem „Himmelreich Gottes" oder „dem ewigen Leben" nach dem Tod zu ködern.
Die Gefühlsseite des Menschen wird angesprochen, damit die Religion den Gläubigen Zusammengehörigkeitsgefühl, Schutz und seelischen Halt bieten kann. Dabei wird der Gläubige mit dem „Himmelreich Gottes" *als Rauschmittel* gefangen.

Unsere Verwandtschaft mit dem Affen wird aus Unwissenheit (oder gar bewusst?) verleugnet.

Im Hintergrund geht es in der Religion auch um Habgier, Machtsucht, Täuschung, Aberglauben, „halbe“ Wahrheiten mit viel Übertreibung und vor allem um viel *Phantasie* etc.
Das wichtige Wort „Ehrlichkeit“ wird oft nicht ernst genommen und so können die Schreiber alles Mögliche für das Gebetsbuch erfinden, *das die Psyche des Menschen beeinflussen soll.*

Der Mensch wird als „Kind Gottes“ in den Vordergrund gestellt. Schließlich soll die Menschheit verherrlicht werden, damit die Religion auch viele Anhänger bekommt.
Wer möchte nicht verwöhnt und verherrlicht werden?
Die *Vergöttlichung der Menschheit* kommt im Gebetsbuch immer wieder vor. Wichtige Themen wie die Umweltverschmutzung und Umweltzerstörung durch den Menschen werden deshalb nicht gerne oder gar nicht angesprochen.

In den meisten Geschichten geht es um den Menschen als „Abbild Gottes“. So kann der Mensch die ganze Welt zu seinem „Untertan“ machen mit der Behauptung, dass Gott es vor vielen Jahren gesagt haben soll.
Durch diese Art und Weise bekommt die Religion schnell viele Anhänger.

Einige Werte wie Hilfsbereitschaft, Treue, Fasten etc. werden für die Charakterbildung, die die gute Seite der Religion repräsentieren soll, zwar erwähnt, aber die Habgier und Machtsucht spielen im Hintergrund immer eine große Rolle.

Mit Hilfe der Sprachkunst werden Gier und Sucht geschickt versteckt.
Außerdem geht es in den Gebetsbüchern (fast) nur um den Menschen und nicht um die Umwelt wie (Wild-) Tiere und Pflanzen. Hier können wir den Eindruck bekommen, dass wir die Herrscher der Welt sind.
Darf der Mensch so arrogant sein? Haben Tiere und Pflanzen gar kein Recht, hier zu leben?

Diese Arroganz ist der Beweis dafür, warum die (meisten) hohen deutschen Geistlichen in Luxus-Gebäuden wohnen. Schließlich haben diese Geistlichen durch das lange Spielen zu etwas gebracht.

Wie Sie sehen, ist die Religion nur ein schönes, *phantasievolles* Spiel, in dem einige gute Themen für die Charakterbildung erwähnt werden.

Die schlechte Seite des Menschen jedoch, wie z.B. Habgier, Machtsucht, Neid, Missgunst, Unehrlichkeit etc., *wird sehr gerne übersehen*, weil die schlechten Seiten des Menschen äußerst unbequem und viel größer und stärker sind als die guten Seiten des Menschen.
Diese „Spielweise" finden wir in allen Weltreligionen.

Die verschiedenen Gläubigen sind zu stolz auf ihre Religion, so dass sie niemals die Fehler und Lücken ihrer Religion zugeben können, weil sie in ihrem Spielsystem gefangen sind.
Dieses katastrophale Problem der Gefangenschaft findet auch im Spielsystem „Politik" und in anderen wichtigen Spielsystemen weiterhin statt.

Spielsystem „Lernen und Arbeiten"

In dem anderen Spiel „Schule/Ausbildung" wird Wert auf das Wissen für das weitere Spielen im Leben gelegt.
Eine Person, die durch das lange Spielen mit einem hohen Abschluss wie Abitur, Meisterprüfung, Doktor-Titel etc. belohnt wird, hat im Grunde genommen nur ein kleines Wissen über ein Lerngebiet erworben. Es heißt aber nicht, dass diese Person höflich, ehrlich, rücksichtsvoll, dankbar etc. ist, weil diese Person nur gespielt hat.

Die Schule bzw. der Beruf ist also auch nur ein Spiel und hat daher *nichts mit der Charakterbildung zu tun.*

Das Spielsystem „Politik"

Genauso ist es mit dem Spiel „Politik". *Planen und organisieren* stehen hier im Vordergrund. Die Sprachkunst dient dazu, mit schönen Worten dieses Spiel darzustellen und seine schlechte Seite, wie z.B. lügen, zu verstecken. Dieses Spiel ist aber umfangreich und komplex, so dass Täuschung, Betrug usw. nicht immer eindeutig zu beweisen sind.
Der Mensch wird z.B. in der Demokratie weiter verherrlicht: „Die Würde des Menschen ist unantastbar."
Haben Tiere und Pflanzen keine Würde wie wir Menschen, obwohl wir mit den Affen verwandt sind?

Wie Sie schon in meinem ersten Brief erfahren haben, missbraucht unser politisches System, die Demokratie, den Begriff „Werte“ für unsere Habgier und Machtsucht wie Freiheit, Menschenrechte, Selbstbestimmung usw.

In den eigentlichen „universellen Werten“, zu denen auch Höflichkeit, Bescheidenheit, Fairness, Ehrlichkeit, Dankbarkeit etc. zählen, wird vielmehr auf Zurückhaltung, Grenzen, Verzichten oder Opfergabe geachtet.

Unsere falschverstandenen demokratischen Werte, wie Freiheit, Menschenrechte etc., sind aber das Gegenteil von Zurückhaltung, Grenzen oder Opfergabe, weil der Mensch alles tun darf, was er will. Dadurch kennt der Mensch im Rausch der Freiheit keine Grenzen mehr.
Dieses Spiel „Politik“ dient letztendlich unserer Gier und Sucht, die aber sehr geschickt durch die Sprachkunst versteckt werden.

Das Hauptproblem der Spiele bzw. Spielsysteme

Das Hauptproblem aller Spiele besteht jedoch darin, dass wir vor lauter Spielen das eigentliche Leben schon längst aus den Augen verloren haben. Wir finden uns fast nur noch in Spielen zurecht, in denen wir uns selbst gerne verherrlichen. Befinden wir uns aber nicht mehr im Spiel, wissen wir nicht, wie die Realität eigentlich aussieht.

Die mächtige, schlechte Seite des Menschen wird einfach ignoriert, weil sie sehr unangenehm ist.

Leider übersehen wir auch unseren tierischen Ursprung und vor allem die Dankbarkeit, dass die Bäume uns den lebenswichtigen Sauerstoff zum Leben geben.

Als Zeichen unserer Dankbarkeit müssen wir die Bäume und Pflanzen vielmehr schützen, pflegen und nicht töten. Siehe Regenwald als grüne Lunge der Erde, die immer kleiner wird.

Dies alles zeigt, dass wir selbst die Schuld für den Untergang vieler Tier- und Pflanzen- Arten tragen.
Nicht zuletzt schneiden wir uns immer mehr ins eigene Fleisch und zerstören dabei unsere Welt, wenn wir in Zukunft diese egoistischen Spiele im vollen Umfang fortführen.

Die Lehre für universelle Werte

Universelle Werte müssen eingeführt und streng bewacht werden, damit unsere Habgier und Machtsucht klein gehalten werden können. Diese schlechten Eigenschaften können wir leider nicht abschaffen, *weil wir Menschen die größte Habgier und Machtsucht unter allen Lebewesen haben.*

Ein weiteres Ziel stellt die *Verinnerlichung der wichtigen universellen Werte,* sowohl in Form von Worten als auch *in Taten,* dar. Dies ist die Voraussetzung, *damit wir im Spiel* „Schule und Beruf“ und im täglichen Leben *weiterkommen dürfen.*

Wohlstand als Droge

Nachdem wir Deutsche im Wohlstand leben, im Vergleich zu anderen armen Ländern dieser Welt wie Bangladesch, Laos usw., kennen wir fast nur noch Reichtum, Luxus, Bequemlichkeit, Freiheit etc. Wir sind täglich *süchtig* auf diese Bedürfnisse und sind dadurch *vom Wohlstand berauscht.* In diesem berauschten Zustand haben wir jedoch keine richtige Orientierung mehr und können die großen Gefahren nicht mehr richtig einschätzen. So treffen wir oft *Fehlentscheidungen,* die uns langfristig schaden, wie z.B. militärische Einmischung im Irak im Jahr 2003, in Libyen im Jahr 2012 und vor allem in Syrien ab dem Jahr 2011.

Da unser Deutschland sehr reich ist, dürfen wir uns nicht wundern, dass viele arme Menschen auf der ganzen Welt auch bei uns leben wollen, unabhängig davon, ob diese Menschen unter Bürgerkrieg leiden oder nicht. Habgier und Machtsucht befinden sich nun mal in jedem Menschen auf seiner schlechten Seite.

Einwanderung auch als Gefahr

Die aktuelle Flüchtlingskrise mit den vielen Flüchtlingen aus dem Nahen und Mittleren Osten und Afrika wird unseren Frieden in Deutschland langfristig gefährden, wenn es bei uns zu viele Flüchtlinge von einer Ausländergruppe gibt, *die sehr stolz auf ihre dominante Religion sind.* Diese Gruppe bildet in Deutschland (mittlerweile) die Mehrheit unter allen Ausländergruppen.

Kleinere Ausländergruppen haben es dadurch sehr schwer, wenn sie z.B. in der Schule bessere Noten haben als die Mehrheit. Auch haben manche Minderheiten bei den Deutschen einen besseren Ruf, weil sie höflich, fleißig, weiniger frech und weniger aggressiv sind. Dadurch werden diese Minderheiten von der Mehrheit diskriminiert und schlecht gemacht, weil die schlechten Seiten des Menschen wie Neid, Missgunst und Rache uns Menschen immer begleiten.
Dieses Phänomen bleibt für die meisten deutschen Bürger im Verborgenen.
Dieses Problem betrifft also deutsche Bürger eher nicht, so dass sie noch keine Vorstellung davon haben.

<u>Unser Wohlstand dient als Rauschmittel und verdeckt die vielen Probleme unseres Landes.</u>

Die schlechte Seite des Menschen zerstört auf lange Sicht das meiste Leben dieses schönen Planeten, auf dem wir gerade leben. Dieser Spruch in meinem ersten Brief verdeutlicht es:
<u>*„Die Menschheit ist eine tickende Zeitbombe für unsere Welt!“*</u>

Versuchen Sie doch bitte, sich nicht mehr zu sehr auf Spiele wie Religion oder Politik für die Menschheit zu konzentrieren, weil diese Spiele die Menschheit verherrlichen und damit die Umwelt zerstören.
Kümmern Sie sich vielmehr um Tausende Pflanzenarten und Wildtiere, z.B. Haie, Delphine etc., die von uns täglich in Fangnetzen auch als Beifang getötet werden. Auch wir Menschen sind ein Teil von diesen Tieren.

Wer ist hier das größte Raubtier? Der Tiger, der Eisbär oder doch der Mensch?
Können Sie ehrlich sein?

Lassen Sie uns unser schönes krankes Deutschland und unsere schöne kranke Welt gemeinsam retten!

Lassen Sie uns doch gemeinsam diese Probleme angehen!

Es grüßt Sie herzlich

Ihr

Peter Long Thu Bui

Rückblick auf meine Briefe, Fazit

Zusammenfassend können wir dieses Bild jedem Menschen zuordnen.
Jeder Mensch wird von zwei Maschinen angetrieben.
Die erste Maschine besteht aus *Habgier und Machtsucht*.
Die zweite Machine aus *Neid, Eifersucht und Rache*.
Diese zwei Maschinen werden von *Missbrauch und Unehrlichkeit* als Energie vorangetrieben.

Es ist für mich unbegreiflich, warum der Schöpfer uns diese Eigenschaften geschenkt hat.
Hat er da einen schlechten Tag gehabt?

So denken die meisten Menschen, wenn es um den Umweltschutz geht:
„Das ist nicht meine Aufgabe.
Man darf mich nicht zu etwas zwingen, so steht es im Grundgesetzbuch."
(Sie sagen aber etwas Anderes, wie zum Beispiel „Man müsste mehr tun" und sie tun aber nicht mehr oder gar nichts.)

Was soll man da noch dazu sagen?
Mir fehlen die Worte.

Nachwort

Dieses Manuskript "Unsere schöne kranke Welt- Ein Bericht aus dem alltäglichen Leben" ist mein Lebenswerk, für das ich alles aufgegeben habe, d.h. ich war bereit, mein Leben dafür zu geben.
Für dieses Werk habe ich mehr als 30 Jahre gebraucht.
Zu diesem Werk bin ich gekommen, weil das Leben mir extreme und einschneidende Erlebnisse geschenkt hat.
Weitere Voraussetzungen sind Opferbereitschaft, Dankbarkeit, Durchhaltevermögen und Ehrlichkeit zu den Ereignissen bzw. zu den Tatsachen.

Reife durch Krisenbewältigung

Die Opferbereitschaft bzw. das Verzichten durfte ich bereits in der Kindheit nach dem Vietnam-Krieg kennenlernen, die mein ganzes Leben geprägt hat, und wenn ich in wichtigen Bereichen eine Zeit lang die größten Erfolge hatte.

Es waren vielmehr die harten Zeiten, die mich stark und reifer gemacht haben und nicht die Erfolge. Schließlich reifen wir nur, wenn wir auch die Tiefen durchlebt haben.
Außerdem hat mich meine innere Stimme bereits im Grundschulalter zu diesem Werk gezwungen, weil ich einen Sinn für universelle Werte hatte, so dass mir keine andere Wahl blieb. Daher habe ich seitdem unbewusst auf dieses große Werk hingearbeitet, einerseits durch Erfolge, andererseits aber vor allem durch Niederlagen und Krisen.

Zudem gab mir das Schicksal die Fähigkeit, mein Leben für die Familie, andere Mitmenschen und die Natur zu opfern, was ich auch mehrere Male getan habe.

Im Jahr 1981 musste ich mit einem entfernt verwandten Onkel aus dem kommunistischen Vietnam fliehen, damit ich später meine Familie ins Ausland nachholen konnte, was mir zum Glück dank dem Schicksal und der Gutherzigkeit Deutschlands auch gelungen ist.

Meine zweite Opferbereitschaft für Natur und Mitmenschen ist dieses Manuskript.
Es ist mir bewusst, dass die meisten Menschen (= mehr als 99,9 %) mein großes Werk nicht mögen, weil ich die großen Probleme ganz offen und ehrlich ansprach.
Die meisten Menschen (= mehr als sieben Milliarden Menschen) können oder wollen diese Probleme nicht verstehen, weil sie in ihren Spielsystemen gefangen sind und deswegen nicht ehrlich und neutral sein können.

Von meinen Eltern habe ich die Souveränität als Führungskraft meiner Mutter und die „Einzelgänger-Art“ meines Vaters geerbt.
Diese Fähigkeiten bilden nur die Grundlage für dieses Werk. Hinzu kommen die vielen erlebnisreichen Zeiten, die Vielfalt des Lebens und vor allem die Arbeit an sich selbst.
So konnte ich unbeirrt meinen Alleingang „über Stock und Stein“ machen, und wenn es auch gegen den Strom war und mich deswegen in die Isolation geführt hat.

Nicht zuletzt hat mir das Schicksal die finanziellen Mittel für die vielen Jahre ohne Arbeit gegeben, in denen ich an diesem Werk geschrieben habe.
Leider war dieses Geld aber nur das Schmerzensgeld, das ich als Opfer bei einem schweren Auto-Unfall im Jahr 1992 bekommen habe.

München, 2015

Meine Resignation

Kampf- oder Flucht-Reaktion = Fight- or flight- reaction

Nach dieser Methode habe ich mein Leben geführt.
Da ich lange Zeit aktiver Sportler im Sportverein und ein Kämpfertyp war, bin ich auch bei meinem Lebenswerk „Unsere schöne kranke Welt- Ein Bericht aus dem alltäglichen Leben" aktiv vorgegangen. Mein Werk sollte als „Lehrbuch für die Menschheit" dienen.
Ich hatte vor zu kämpfen, weil ich die Menschen wach rütteln wollte. Aber es war sehr hart für mich, weil ich allein kämpfen musste und daher keine seelische Unterstützung bekam.

Nun habe ich mein Lebenswerk vollendet, damit die Nachwelt es lesen kann.

Außerdem habe ich keine Kraft, Lebensfreude und Hoffnung mehr, weil ich leider den
„Code der Menschheit" geknackt habe:
„Menschheit als tickende Zeitbombe für die Welt".
Dieses Geheimnis zu lüften, war ein trauriger Schritt für mich, weil ich entdeckt habe, dass die Habgier und Machtsucht unser Leben bestimmen. Der Mensch hat nun mal die größte Habgier und Machtsucht unter allen Lebewesen.
Es ist falsch zu behaupten, dass Vegetarier bessere Menschen seien, weil sie kein Fleisch essen. Nein, auch diese Vegetarier gehören zu den größten Raubtieren dieser Welt.
Denken wir doch an unseren Luxus wie Kühlschrank, Fernseher, Handy, Auto etc. Für die Herstellung der

Produkte brauchen wir viele verschiedene Rohstoffe, die sich in den Gebieten befinden, wo Tiere und Pflanzen leben. Die Arbeiter müssen den Weg zu den Rohstoffen frei machen, indem sie alles zerstören müssen, damit wir unseren Luxus bekommen. Hier können wir sehen, dass wir in der westlichen Welt in diesem Fall zwar nicht töten, dafür lassen wir aber die Arbeiter für unseren Luxus schwitzen und töten. Unsere Gier nach Luxus regt also zum Töten von Tier- und Pflanzenarten und damit zur Zerstörung der Natur und Umwelt an.

Es ist so hart und ungerecht, dass ich ganz allein dieses schöne Deutschland und diese schöne Welt vor dem Untergang retten soll. Niemand steht mir bei diesem schwierigen Kampf zur Seite, nicht einmal der liebe Gott oder der mächtige Allah, nur weil ich die Welt von Tier- und Pflanzenarten vor der habgierigen und machtsüchtigen Menschheit retten möchte.

Mein Ziel besteht darin, den Menschen nichts zu schenken sondern vielmehr ihre Habgier und Machtsucht zu bekämpfen. Dadurch bin ich der größte Feind für die Menschen.

Menschen haben ein Ziel: Sie arbeiten, um danach Geld als Belohnung zu bekommen. Ihr Lohn in Form des Geldes ist ihre Motivation.
Ich aber opfere mein Leben für diese kranke Welt und bekomme gar nichts dafür, nicht einmal Lob, geschweige denn Geld. Im Gegenteil, die Menschen machen mir bei meinem Ziel noch das Leben schwer, so dass ich immer wieder über die Habgier, Machtsucht, Frechheit und Unehrlichkeit der Menschen stolpere. Diese Menschen

halten mich für unbeliebt, unangenehm, kleinlich, „Wichtigtuer“ etc., weil ich diese Menschen auf ein vernünftiges und anständiges Leben hinweise.
Nach einer Zeit des Überflusses, z.B. an Wohlstand, Freiheit, Menschenrechten etc., die wir jetzt in der westlichen Welt haben, brauchen wir zur Herstellung des Gleichgewichts eine Zeit der Knappheit. Wir müssen die Menschen für ihr Wohl schwitzen lassen als Dank fürs Leben.

Zum Schluss möchte ich noch mitteilen, dass auch ich habgierig und machtsüchtig bin. Ich wollte mit den Mitmenschen unsere Habgier und Machtsucht klein halten, indem wir uns gegenseitig kontrollieren. Aber niemand wollte mit mir diesen Weg gehen. Ich habe verloren!

Nachtrag

Bevor ich mich von Ihnen verabschiede, möchte ich noch einige Punkte hinzufügen.

Wie Sie schon vorher erfahren haben, ist die Sprache das Hauptwerkzeug für unsere wichtigen Spielsysteme wie Religion, Erziehung/ Ausbildung / Beruf, Politik etc.
Die deutsche Sprache ist das beste Hauptwerkzeug, das wir in dieser Welt haben. In der deutschen Sprache können wir logisch aufbauende Strukturen und Systeme feststellen, die wir in diesem großen Umfang sonst in keiner anderen Sprache finden. Dies erklärt auch, warum die Deutschen so erfolgreich z. B. in der Maschinenbau-

Technik sind. Das systematische Denken trägt maßgeblich zum Erfolg bei - so hat auch die deutsche Kultur das höchste Niveau auf diesem Planeten. Diese Erfolge beruhen vielmehr auf der konsequenten Arbeitsweise aufgrund der gut strukturierten Sprache. Fleiß und Intelligenz spielen hier nur eine untergeordnete Rolle.
Selbst gut strukturierte romanische Sprachen haben nicht diese deutsche Präzision, obwohl die deutsche Sprache oft umständlich und schwerfällig ist.
Die englische Weltsprache weist Parallelen zur deutschen Sprache auf, weil sie aus der deutschen Sprache stammt. Jedoch hat Englisch eine leichtfälligere Art und mehr Flexibilität als Deutsch. Aber in der Tiefe hat die deutsche Sprache mit ihrer Genauigkeit die Nase vorn.

Nur mit Hilfe der deutschen Sprache ist es mir gelungen, mein Lebenswerk „Unsere schöne kranke Welt – Ein Bericht aus dem alltäglichen Leben" zu vollenden. Ich konnte meine Lebenserfahrungen und Wissen in der deutschen Sprache sehr gut zum Ausdruck bringen.
Mein großer Dank gilt an dieser Stelle der deutschen Sprache und Kultur.

Zum anderen Thema. Die Menschheit ist eine tickende Zeitbombe für unsere Welt.
Da ich diese Gefahr erkannt und damit den „Code der Menschheit" geknackt habe, möchte ich etwas zum Erhalt der Umwelt (Pflanzen und Wildtiere) beitragen.
Die Bäume und Tiere im Urwald werden von uns Menschen täglich in großer Zahl getötet, weil wir sehr egoistisch sind.

Durch die schlechten Seiten des Menschen wie Habgier und Machtsucht, denken wir zuerst an unsere Vorteile z.B. mit „Wo kann ich noch was Gutes für mich finden?“

Der Mensch ist durch die vielen Spielsysteme kein Lebewesen mehr- er ist zum Klein-Gott geworden, weil die Spielsysteme wie Religion „Christentum“ oder wie Politik „Demokratie“ die Menschheit verherrlichen. Nachdem die Menschen aber habgierig und machtsüchtig sind, lieben sie diese Spielsysteme.
Das ist der Unterschied zwischen uns Menschen und den Tieren.

Ich möchte mit meinem Lebenswerk allen Menschen Denkanstöße geben.
Jedoch werde ich keine Erfolge haben, so lange mir keine Höhere Macht oder keine Höhere Gewalt beisteht. Die Menschen müssen zu Taten gezwungen werden, damit sie ihre Grenzen erkennen, ob die Menschen es wollen oder nicht.
Ich fühle mich bei diesem Kampf von der Höheren Macht = vom Gott im Stich gelassen.

Mein größter Wunsch besteht darin, dass wir alle unsere Umweltzerstörung erkennen. Daher müssen wir uns immer Mühe geben, täglich an uns selbst zu arbeiten.
Es wird uns allen aber leider nicht gelingen, weil ein gewisser Druck fehlt, der uns zu Taten bzw. zur großen Veränderung zwingt.
Da bin ich mir aber ganz sicher. Leider.

Es grüßt Sie herzlich
Ihr Peter Long Thu Bui

Anhänge

Anhang 1: Brief des Bayerischen Innenministers

Anhang 2: Bild mit meiner Cousine aus Vietnam

Anhang 3: Zeichnung Umweltzerstörung

Anhang 1

Der Bayerische Staatsminister
des Innern

Joachim Herrmann, MdL

per E-Mail [geschwärzt]

Herrn
Peter Bui

München, 29. Mai 2010
FH5-0142-2996

Sehr geehrter Herr Bui,

vielen Dank für Ihr Schreiben vom 9. März 2010, in dem Sie mir Ihre Lebensgeschichte schildern. Ich freue mich sehr über Ihre Offenheit und habe Ihre Ausführungen mit großem Interesse gelesen.

Sie sind ein hervorragendes Beispiel für gelungene Integration, denn Sie haben Ihre Chance auf ein Leben in unserer Mitte erfolgreich genutzt. Obwohl Sie kein leichtes Leben hatten und ohne enge Familienangehörige nach Deutschland kamen, lernten Sie rasch unsere Sprache, begeisterten sich für unsere Kultur und ließen sich auf ein Leben in unserer Gesellschaft ein.

Wie Sie selbst erfahren haben, ist Integration keine Einbahnstraße, sondern richtet sich zunächst an diejenigen, die aus fremden Kulturkreisen zu uns kommen und auf Dauer bei uns Leben wollen. Nach dem Grundsatz „Fördern und Fordern" sehe ich hier ganz klar eine Bringschuld der Zuwanderer. So dürfen wir erwarten, dass Zuwanderer unsere Sprache erlernen. Denn erst wer in Wort und Schrift hinreichend Deutsch beherrscht, kann am alltäglichen Leben und am Diskurs über die wichtigen gesellschaftlichen Fragen teilhaben. Unabdingbar ist natürlich auch die uneingeschränkte Anerkennung der Werte und Überzeugungen, die unserer Verfassung zugrunde liegen und denen sich die Mehrheit der Bürger verpflichtet fühlt.

Unsere christlichen Werte sind die unverzichtbare Grundlage für ein gedeihliches Zusammenleben in unserer Gesellschaft. Aus dem christlichen Menschenbild lassen sich nicht nur universelle Werte wie die Würde des Menschen ableiten, sondern auch Werte wie Hilfsbereitschaft, Mitmenschlichkeit, Toleranz, Solidarität, Ehrlichkeit, Fairness und Achtung vor dem Mitmenschen.

Auch ich beobachte mit großer Sorge, dass die Achtung dieser Werte immer mehr an Bedeutung verliert. Ich erlebe dies tagtäglich in meiner Arbeit als Innenminister. Gegen diese Entwicklung müssen wir alle entschlossen den Kampf aufnehmen. Hier ist nicht nur die Politik gefragt – vor allem sind die Familien, die Kirchen und die Bürgergesellschaften insgesamt gefordert, diese Werte vorzuleben und zu vermitteln. Ich freue mich, dass auch Sie sich hier einbringen wollen.

Ich wünsche Ihnen für die Zukunft alles Gute, viel Glück und Erfolg und hoffe, dass Sie sich auch weiterhin in so vorbildlicher Weise für unser Land engagieren.

Mit freundlichen Grüßen

Ihr Joachim Herrmann

Anhang 2

Anhang 3

Unsere schöne kranke Welt
Unser Egoismus zerstört die Welt
Gift
Freiheit Geld Religion
GELD
RELIGION
Mehr als sieben Milliarden Menschen kämpfen für Freiheit, Geld und Religion. Aber es gibt leider nur wenige Tausend Menschen, die für die Rettung der Welt schützen und ihr Leben dafür opfern.